인디고 바칼로레아 ——— 3

너의 이야기를 발명하라

인디고 바칼로레아 3
너의 이야기를 발명하라

1판 1쇄 찍음 2025년 6월 20일
1판 1쇄 펴냄 2025년 6월 27일

지은이 인디고 서원

편집 김현숙 | **디자인** 이현정
마케팅 백국현(제작), 문윤기 | **관리** 오유나

펴낸곳 궁리출판 | **펴낸이** 이갑수

등록 1999년 3월 29일 제300-2004-162호
주소 10881 경기도 파주시 회동길 325-12
전화 031-955-9818 | **팩스** 031-955-9848
홈페이지 www.kungree.com
전자우편 kungree@kungree.com
페이스북 /kungreepress | **트위터** @kungreepress
인스타그램 /kungree_press

ⓒ 인디고 서원, 2025.

ISBN 978-89-5820-910-2   03100

책값은 뒤표지에 있습니다.
파본은 구입하신 서점에서 바꾸어 드립니다.

인디고 바칼로레아　3

너의 이야기를 발명하라

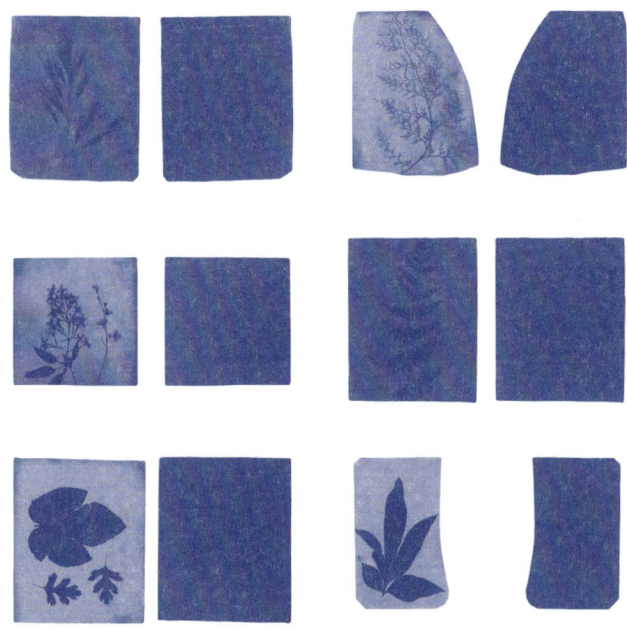

인디고 서원 지음

궁리
KungRee

인디고 바칼로레아(IB) 시리즈를 시작하며

불확실성의 시대다. 팬데믹, 기후위기, 인공지능, 인구절벽 등 매일같이 세상은 새롭게 변한다. 세상의 격변 속에서 인간은 변화에 적응하기 위해 급급한 모습이다. 때로는 생명의 위협을 느끼기도 하고 때로는 예측 불가능한 미래에 불안해하기도 한다. 이와 같은 대전환기를 헤쳐 나가기 위해 우리는 어떤 준비를 하고 있는가.

역사학자 유발 하라리는 현재 초·중·고등학교에서 가르치는 교육의 90%는 그 아이가 어른이 되었을 때 아무런 쓸모가 없어질 것이라고 예견했다. 지금 우리가 겪는 변화의 속도를 떠올려본다면 이는 충분히 납득할 만한 주장이다. 세상은 미래를 더욱 앞당기고 있는데 우리의 배움은 여전히 낡은 과거에 머물러 있으니 말이다. 그러니 우리는 자신에게 물어야 한다. 무엇을 배우고 가르칠 것인가.

아마도 한국 사회에서 가장 변하지 않는 분야가 있다면 교육일 것이다. 21세기 대한민국은 바이오와 디지털 기술 등 세계를 선도하는 글로벌 선진국 중 하나다. 하지만 우리의 교실은 어떠한가. 대한민국을 살아가는 미래 세대는 과연 세상의 변화에 적응할 수 있는 배움을 제공 받고 있는가. 생존에 허덕이지 않고 삶의 주인으로서 살아갈 역량을 대한민국 교육은 제시하고 있는가.

4차 산업혁명은 이미 우리의 일상에 침투해 있다. 대한민국 교육 패러다임을 바꿔야 한다는 주장은 이제 식상할 만큼 오래되었다. 교육과정 개정을 거치면서 다양한 역량 강화 교육의 필요성이 제기되었을 뿐만 아니라 교육혁명을 더 이상 미룰 수 없는 지점에 와있다. 최근 IB(International Baccalaureate)가 주목받는 이유는 이 때문이다. IB 교육이 지향하는 비판적 사고와 창의성, 소통과 공감, 균형 감각과 도전 정신 등은 세상이 아무리 변해도 필수적인 핵심 역량이라 할 수 있고, 이를 기르는 교육은 삶을 위한 본질적인 공부이기 때문이다. 물론 IB가 다층적이고 복합적인 대한민국 교육 문제를 단번에 해결해줄 수 있는 정답은 아니다. 그러나 변화의 물꼬를 틀 수 있는 유의미한 시도라 부를 수 있을 것이다.

국제자격시험인 IB가 이제 조금씩 한국 사회에서도 주목받기 시작했지만 인디고 인문학 수업은 지난 20여 년 동안 삶을 위한 책 읽기와 토론 수업을 진행해왔다. 공부는 좋은 사람이 되는 길이고,

세상을 향해 질문을 던지는 일이며, 모두에게 이로운 혁명이어야 한다는 믿음으로 진행된 인디고 바칼로레아(Indigo Baccalaureate)다. 인디고 바칼로레아 시리즈는 인디고 인문학 교육 과정과 내용을 보다 많은 이들과 공유하려는 시도다. 나아가 대한민국 교육의 방향과 가치가 보다 나은 방향으로 바뀌기를 바라는 희망의 실천이다. 시대가 변해도 바뀌지 않는 본질적인 삶의 가치를 배울 수 있는 인디고 바칼로레아 시리즈가 교육혁명을 꿈꾸는 이 땅의 많은 시민에게 가닿아서 우리가 바라는 변화를 앞당길 수 있기를 바란다.

2023년 6월
영국 케임브리지대학교에서
박용준

서문

 여러분이 세상에 태어나 처음 본 것은 무엇인가요? 또, 삶에서 가장 강렬한 기억은 무엇인가요? 이 질문에 답하기란 쉽지 않습니다. 최초의 기억은 나의 정체성과도 밀접하게 연결이 되어 있고, 가장 강렬한 기억은 앞으로 살아갈 날에 지대한 영향을 미칠 것이기 때문입니다. 아무리 매일 반복되는 삶을 살고 있다고 하더라도, 남들과 다를 것 없는 삶을 살고 있다고 하더라도 우리 모두에게는 각자의 소중한 순간이 있습니다. 어떤 순간을 기억하고 간직할 것인가, 이는 매우 중요한 일입니다.

 경제학자 아마르티아 센의 첫 기억은 뱃고동 소리입니다. 교수였던 아버지는 여러 도시들을 옮겨 다녔고, 만 세 살쯤 가족 모두 아버지를 따라 이동하는 배 안에서 들었던 소리입니다. 어렸을 때부터 여러 곳에서 살았던 아마르티아 센은 자신이 머물렀던 모든 곳에서 사람들과 소통하고 주변을 탐구하며 자신을 만들어갔고,

모든 곳(심지어 가보지 못한 곳까지)이 자신의 고향임을 깨달았다고 했습니다. 나의 고향이 세상이라니, 정말 놀라운 관점입니다.

아마르티아 센이 세상을 자신의 고향으로 여길 수 있었던 이유는 '산티니케탄' 덕분입니다. 시인 타고르가 설립한 이곳은 당시로서는 상상도 할 수 없을 정도로 특별한 교육을 하는 곳이었습니다. 타고르는 아이들의 사고가 자신이 속한 공동체에 갇히거나 끼워 맞춰지는 것을 경계했고, 바깥 세계와 차단된 교육은 죽은 것이라고 여겼다고 합니다. 그래서 다양한 언어의 문학작품을 읽고, 시대와 공간의 제약 없이 수많은 사상을 자유롭게 넘나들며 토론하는 것이 이 학교의 수업이었습니다. 아마르티아 센은 이런 학교가 "벽이 없는 곳"으로 느껴졌다고 합니다. 심지어 실제로 벽이 없는 야외에서 수업했는데, "바깥 세계가 보이고 들리는 와중에도 집중할 수 있는 역량을 갖추는 것"을 추구했기 때문입니다. 이러한 학교에서 학생들은 자신이 가지고 있던 호기심을 가감 없이 수업에서 펼쳤고 친구들, 선생님과 함께 자유롭게 토론하며 자신의 세계관을 확장해갔습니다.

그 결과가 바로 세상을 나의 고향으로 여길 수 있는 힘이 아닐까 생각합니다. 세상을 나의 고향으로 여기는 사람이 누릴 수 있는 무한한 자유와 행복을 상상해보세요. 국가, 종교, 민족으로 발생하는 수많은 분쟁을 해결할 힘이 생길 것이고, 심각한 기후위기 문제도 해결할 수 있으며, 빈부격차로 생기는 고통을 해소할 열쇠도 얻을 수 있을 것입니다. 어디 출신인지가 아니라 어떤 인간으로, 어떻게 존엄성을 지키며 살아갈 것인지를 중요하게 여길 수 있는 힘이 생기기 때문입니다.

아마르티아 센에게 산티니케탄이 있었다면, 저에게는 인디고 서원이 있습니다. 인디고 서원에서 책을 읽으며 둥글게 모여 앉아 서로의 생각을 나누었고, 세계 곳곳에서 공동의 가치를 향해 나아가는 수많은 사람들을 만나 희망을 배웠습니다. 세상의 불편한 진실을 외면하지 않고 당당하게 맞서며, 조금 더 나은 세상을 만들기 위해 노력하는 이들의 이야기는 이 세계에 대한 나의 책임을 생각하게 합니다. 그리고 내가 할 수 있는 일을 하게 하는 용기를 줍니다. 세상을 나의 고향이라고 여기며, 더 아름답고 정의로운 세상을 향해 나아갈 삶의 의미를 찾게 합니다.

『인디고 바칼로레아 3』은 인간다운 삶과 정의로운 세계를 만들기 위해 끝없이 질문하는 6명의 창조적 실천가가 인디고 서원에 와서 대한민국 청소년들에게 건네는 질문입니다. 세상을 나의 고향으로 여기는 이들은 어떤 사람이 되고 싶은지, 지키고 싶은 세계는 어떤 모습인지, 타인을 이해하고 세상을 바꿀 방법은 무엇인지, 완전히 새로운 미래를 상상한다는 것은 무엇인지 묻습니다. 이들은 자신이 경험하고 배운 것을 공유하고, 생을 걸어 고민하는 질문에 대한 여러분의 생각을 묻습니다. 정확한 답이 없을지라도, 삶에서 중요한 것이 무엇일지 함께 생각할 때, 새로운 희망을 찾을 수 있을 것이라고도 말합니다.

> "인류에게 주어진 최고로 좋고 고귀한 선물은 특정한 인종이나 국가의 독점물일 수 없습니다. 그러한 선물은 닿는 범위가 제약되지도 않을 것이고 구두쇠가 땅 속에 꽁꽁 파묻어 두는 것처럼 숨겨지지 않을 것입니다."
>
> – 타고르

더 나은 미래를 상상하는 이들이 서로의 꿈을 소통하고 그 꿈을 향해 나아가는 것만큼 아름다운 선물은 없을 것입니다. 이 선물은 아무런 벽도 없이 모두에게 가닿을 수 있습니다. 여러분에게 던져진 이 질문들이 또 다른 이야기로 피어날 것이라 기대합니다. 여러분의 새로운 이야기를 발명해주세요. 그 이야기들이 모여 이제껏 만나지 못했던 새롭고 아름다운 세계를 만들 수 있을 것입니다.

2025년 6월
인디고 서원에서
이윤영

차례

인디고 바칼로레아(IB) 시리즈를 시작하며　　　　　　　　　　5

서문　　　　　　　　　　　　　　　　　　　　　　　　　8

문학　　　　　　　　　　　　　　너의 이야기를 발명하라 ― 1

이야기는 어떻게 우리를 살게 하는가?　　　　　　　　　17

책이 삶을 바꿀 수 있는가? | 자유를 위한 글쓰기는 가능한가? | 나는 어떤 인간이 되고 싶은가?

역사·사회　　　　　　　　　　　너의 이야기를 발명하라 ― 2

우리가 지키고 싶은 세계는 어떤 모습인가?　　　　　　53

우리는 왜 혼자서 살아갈 수 없는가? | 어려움이 있더라도 잃지 않아야 할 가치는 무엇인가?

철학　　　　　　　　　　　　　　너의 이야기를 발명하라 ― 3

우리는 어떻게 타인과 함께 살아갈 것인가?　　　　　　103

삶에서 가장 소중한 순간은 언제인가? | 타인을 이해하기 위해 무엇을 할 수 있는가?

너의 이야기를 발명하라 — 4   **예술**

아름다움은 세상을 바꿀 힘이 있는가?   137

예술은 무엇이며, 왜 우리 삶에 필요한가? | 생에 대한 경탄과 사랑을 잃지 않기 위해 어떤 노력을 해야 하는가?

너의 이야기를 발명하라 — 5   **교육**

개인의 선택은 어떻게 사회를 바꿀 수 있는가?   175

공동선은 무엇인가? | 나에게 불리한 상황이라도 옳은 것을 행할 용기는 어떻게 낼 수 있는가?

너의 이야기를 발명하라 — 6   **생태·환경**

어떻게 하면 우리의 미래를 지켜낼 수 있는가?   203

20년 뒤 우리는 어떤 미래를 맞이할 것인가? | 미래의 희망을 위해 오늘 무엇을 선택할 것인가?

너의 이야기를
발명하라—1

문학

미셸 쿠오(Michelle Kuo)
미국·대만 작가, 『패트릭과 함께 읽기』 저자

이야기는 어떻게 우리를 살게 하는가?

· 미셸 쿠오

『패트릭과 함께 읽기』는 가난한 흑인 소년 '패트릭'을 만나면서 제가 겪은 이야기입니다. 저의 부모님은 대만 출신이지만, 저는 미국에서 이민자 2세로 태어나고 자랐습니다. 미시간의 공립학교에 다니다가 하버드 대학교에 진학했는데, 저는 부모님이 바라는 대학에 진학했음에도 마음 한 곳이 허전했습니다. 그래서 학교의 명성이 주는 것 말고, 제 삶의 이유와 가치를 찾고 싶었습니다.

저는 미국의 흑인 작가 제임스 볼드윈의 말에 자극을 받고 도전의 용기를 얻었습니다. 그는 이렇게 썼습니다. "올바른 책을 읽고 올바른 태도를 가진 자유주의자들이 있지만, 실제로는 진정한 신념이 없다. 상황이 어려워지고 그들이 행동해야 할 때, 그들은 어디에도 없다." 저는 그 문구를 문자 그대로 받아들였습니다. 그들이 없다는 것은 어디에 없다는 걸까? 나는 어디에 있어야 할까? 끝없는 질문들에 사로잡혔습니다.

대학 졸업을 앞두고 중학교 교사로 일해보라는 제안을 받아들여 미시시피 델타라는 소도시로 가고자 결심했습니다. 순진하고 에너지가 넘쳤던 22세의 저는 아칸소 주의 헬레나라는 농촌 마을로 이사를 했습니다. 그곳은 미국 남부 지역이고, 급진적인 사회 운동과 저항의 장소라고 생각했기에 그곳을 선택했습니다. 제스민 워드(Jesmyn Ward)가 표현한 것처럼, 그곳은 "한 이식된 민족이 대학살과 노예제도를 견뎌낸" 장소, "남부의 흑인들이 테러와 교수형의 그림자 아래서 투표권을 위해 조직했던" 장소였습니다.

헬레나는 사실상 인종분리에 가까운 현실과 제조업 일자리의 소멸에 이르기까지 다양한 문제를 안고 있었습니다. 제가 가르친 학교에는 도서관, 체육관, 상담사도 없었습니다. 교직원의 절반은 임시 교사였고, 어떤 해에는 교장이 네 번 교체되기도 했습니다. 그 학교는 퇴학당한 학생들을 위한 대안학교로 지정되었지만, 저는 곧 그곳이 아무도 원하지 않는 버려진 아이들이 가는 곳이라는 사실을 알게 되었습니다.

그럼에도 불구하고, 그곳 사람들은 투사이며 생존자들이었습니다. 저는 그곳에서 문학 수업을 진행했습니다. 책을 읽고, 글을 쓰는, 아주 단순하지만 의미 있는 수업이었지요. 학생들은 처음에는 드러내지 않았지만, 자신의 열정을 찾고 손에 잡히는 대로 책을 펼치길 열망했습니다. 저는 아이들에게 자신이 선택한 책을 읽을 수 있는 30분 동안의 '조용한 독서' 시간을 제공했습니다. 어떤 학생은 그 짧은 시간이 자신이 일상에서 누릴 수 있는 유일한 조용한 시간이라고 말하기도 했습니다. 또 다른 학생은 어린 동생들과 함께 책을 나누고 싶어했습니다. 학생들은 책을 읽고 또 읽었고, 좋아하는 책을 서로 교환했습니다. 주말 동안 제가 가장 열정적으로 했던 일은 왕복 2~3시간 운전을 해서 도시의 서점과 도서관에서 책을 구해서 학교로 가져오는 일이었습니다. "이 수업은 다른 수업들과 달라요. 다른 수업에서는 바보처럼 느껴지는데, 이 수업에서는 내 생각이 들려요." 한 학생이 저에게 말했습니다.

상실과 죽음을 다룬 청소년 책을 아이들과 함께 읽은 적이 있는데, 학생들은 그 책에 온 마음을 열었습니다. 그들 모두, 단 한 명도 예외 없이, 17세 이하의 모든 학생들이 죽음으로 떠나보낸 친구를 두고 있었기 때문입니다. 총기, 폭력, 마약, 농촌 지역에서 더 흔한 나쁜 사고로 인해 그들의 친구들은 죽었지요. 그들은 그 기억을 어디에 두어야 할까요? 누구의 잘못일까요? 왜 이런 일이 일어났을까요?

제가 도착한 지 4개월 만에 학생 중 한 명인 15세 J를 잃었습니다. J는 꽃집에서 무엇인가 훔치려다가 머리에 총을 맞고 죽었습니다. 그 다음 해, J의 동생이 저의 학생이 되었습니다. 그는 분노와 불신으로 불타고 있었습니다. 한 번은 저에게 의자를 던졌고, 여러 번 종이와 책을 바닥에 던졌습니다. 그러나 제가 그의 형에 대해 글을 써보고 싶냐고 물었을 때, 그의 눈이 반짝였습니다. "예"라고 말하지 않았지만, 그의 눈은 그렇게 말하고 있었습니다.

저는 그에게 어떻게 글을 쓰는지 보여주었습니다. 매일 방과 후 우리는 시를 돌처럼 조각하며 작업했습니다. 그것이 완성되었을 때, 저는 일요일에 한 시간 반을 운전해 복사 가게로 가서 그것을 포스터 크기로 인쇄했습니다. 그리고 다음 날 교실 벽에 걸었습니다. 그해 내내, J의 동생이 교실에 들어올 때마다 가장 먼저 찾는 것은 자신의 시였습니다. 그의 어머니는 그 시를 J의 무덤에 놓았습니다.

패트릭과 함께 읽기

패트릭을 만난 곳도 이 학교입니다. 제가 학교에 부임하고 두 번째 해에 패트릭을 만났을 때, 그는 15세였습니다. 패트릭은 조용하고 내성적이지만, 무척 온화한 성품을 가지고 있었습니다. 그는 독서를 좋아했고 긍정적인 격려에 힘을 얻었습니다. 저는 그에게 가능성으로 가득 찬 미래를 보았습니다. 실제로 패트릭은 성적이 가장 많이 향상한 학생으로 상을 받기도 했습니다.

패트릭이 상을 받을 즈음, 저는 하버드 로스쿨로부터 전화를 받았습니다. "합격을 축하합니다." 입학 사정관이 영어로 저에게 통보했습니다. 부모님이 곧 제가 있는 곳으로 찾아오셨습니다. "합격을 축하합니다." 부모님은 제게 중국어로 말했습니다. 저의 부모님은 모두 과학자이며 대만에서 이민 온 분들입니다. 부모님은 제 인생에 모든 유리한 조건을 제공해주었지만, 저의 선택은 늘 부모님을 두렵게 했죠. 제가 델타에 더 오래 머물고 싶다고 말했을 때, 저와 부모님은 고통스러운 싸움을 벌였습니다. "네가 이곳을 떠나 로스쿨에 가면, 이제 정말 더 이상 너의 삶에 관여하지 않겠다." 부모님은 저에게 약속했습니다. 저는 속상함에 울었고, 저항하지 못하고 결국 순종했습니다. 이 순간 내면에서는 스스로 겁쟁이라고 느꼈습니다.

2년 후, 친구로부터 전화를 받았습니다. "패트릭이 네 학생이었지?" 그가 물었습니다. 그는 패트릭이 학교를 중퇴하고, 싸움에 휘말려 사람을 죽였다고 전해주었습니다. 당시 저는 친구가 잘못된 정보를 전했다고 생각했습니다. 패트릭은 결코 폭력적이지 않았습니다. 오히려 폭력에 반대하는 평화주의자였지요. 저는 해야 할 일을 모두 미루고 델타로 돌아가 감옥에 있는 패트릭을 만났습니다.

교도소에서 만난 패트릭은 제가 알던 패트릭이 아니었습니다. 시를 읽으며 눈이 빛나던, 그런 모습이 사라졌거든요. 안부를 물었을 때, 그는 갓 태어난 딸이 있다고 말했습니다. 저는 그에 대한 믿음을 포기하지 않고 패트릭이 자신에게 가장 소중하다고 말한 딸에게 편지를 써보라고 주문했습니다. 그런데 그의 편지는 철자를 틀린 것은 고사하고 짧은 몇 줄의 편지에 온통 '미안하다'는 말밖에 없었습니다. 예전의 패트릭이 사라진 것에 실망했지만, 저는 포기하지 않고 패트릭과 함께 천천히 소설과 시를 읽고, 글을 쓰는 시간을 함께하기로 결심했습니다.

패트릭과 함께 읽은 책 중에는 프레드릭 더글라스의 첫 번째 작품이자 가장 잘 알려진 자서전이 있었습니다. 저는 패트릭이 더글라스의 이야기에 감동받고 영감을 받을 것이라고 예상했습니다. 그는 노예제도를 비판하며 스스로 노예를 벗어나 독학으로 읽고 쓰는 법을 배워 유명한 작가이자, 활동가, 연설가, 정치가로 살았던 사람이기 때문입니다. 그는 실존 인물이었는데도 패트릭은 그 책을 읽고 충격에 빠진 듯했습니다. 패트릭은 이런 글을 쓴 사람이 흑인이라는 사실을 처음에는 받아들이기조차 어려워했습니다. 하지만 패트릭은 알고자 했습니다. 한 문장 한 문장 정성스럽게 읽으며 패트릭은 혼자서 책을 다 읽었습니다. 그것도 불이 꺼진 콘크리트 계단에서 말이죠.

제가 패트릭을 가르친 7개월 동안, 그는 공책에 아름답고 정교한 편지들을 썼습니다. 딸에게 쓴 편지가 어떻게 달라졌는지, 한번 보시죠.

> "아빠, 이거 봐." 넌 대나무 옆에 핀 밝은 분홍색 꽃을 보여 줬어. 그건 꽃잎이 여럿 달린 분홍색 작약이었지. 넌 그게 장미보다도 더 예쁘다고 말했어. 넌 한 송이를 꺾고서 "아빠, 이거 가져" 했고, 난 그 줄기를 입으로 물었어. 그러자 네 얼굴에는 함박웃음이 피었지. 그래서 난 널 번쩍 들어 올리고 입에 물고 있던 작약으로 네 코에 키스했어. 내가 널 내려놓자 네가 물었어, 우리 다음에 또 올 수 있냐고. 난 말했어, 그럼, 물론이지.
> ―미셸 쿠오, 『패트릭과 함께 읽기』 중에서, 356쪽, 후마니타스

그는 자신의 딸과 함께 산을 오르거나 미시시피 강을 카누로 건너는 모습을 그리며 편지를 쓰기 시작했습니다. 그는 작가, 독자, 꿈꾸는 사람, 아버지가 되어가고 있었습니다.

패트릭의 사례에서 여러분은 구원의 이야기를 기대할지도 모릅니다. 노예에서 인간으로, 도망자에서 세계적인 연설가로 변신한 더글라스의 승리처럼 말이지요. 하지만 저는 도스토옙스키의 『죽

음의 집의 기록』을 떠올렸습니다. 귀족 페트로비치는 어린 타타르 소년 알리에게 읽고 쓰는 법을 가르칩니다. 알리가 해방되던 날, 그는 페트로비치에게 팔을 벌려 안기며 울부짖습니다. "신께서 당신을 축복하실 것입니다. 당신을 잊지 않겠습니다." 이 장면을 읽는 누구든 형제애의 가능성을 느낄 수 있습니다. 그러나 도스토옙스키는 이야기를 거기서 끝내지 않습니다. 그는 이렇게 끝맺습니다. "그는 어디에 있습니까? 나의 착하고, 친절하고, 사랑스러운 알리."

패트릭은 어디에 있습니까? 그는 요즘 문학에 대해 많이 생각하지 않는 것 같습니다. 그는 감옥에서 나왔지만, 그 후의 삶은 여전히 고통스러웠습니다. 그의 어머니는 아들이 출소한 몇 달 후 당뇨병과 심장병으로 사망했습니다. 그녀는 겨우 43세였습니다. 패트릭은 수백 개의 일자리에 지원했지만, 범죄 기록 때문에 거절당했습니다. 건설 현장 일용직으로 일을 하려고 자전거를 타고 출근하던 중 지나가던 차에 치였고, 병원은 응급 치료비를 추심업체에 넘겼으며, 지금도 그 때문에 괴로워하고 있습니다. 자녀 양육비로 인한 빚은 계속 쌓이고 있습니다. 아칸소 주는 그의 식량 배급 지원을 끊었고, 그는 냉장고에 아무것도 없다며 나에게 이메일을 보내기도 했습니다. 노숙자가 된 그는 굶주리고 있습니다. 그는 여러 번 폭행당하고, 강도를 당하기도 했습니다. 다쳐도 스스로 치료할 수밖에 없습니다.

그리고 이 모든 것을 넘어 패트릭은 양심의 가책에 시달리고 있을 거라고 생각합니다. 때때로 그는 피해자의 어머니와 늦은 밤 대화를 한다고 말했습니다. 그는 자신이 되돌릴 수 없는, 돌이킬 수 없는 일을 저질렀다고 느낍니다. 한 번은 그에게 미시시피 지역의 일자리를 구해줬지만, 피해자의 가족을 만날까 두려워서 그 일을 맡지 않았습니다.

글과 책에는 어떤 힘이 있는가

패트릭의 일상을 짓누르는 가혹함은 참기 어려운 것입니다. 제가 쓴 책은 그의 잠재력, 지적 자유에 대한 갈망을 기록하려는 시도였지만, 그의 운명은 태어난 장소에 의해 이미 결정된 것은 아닐까요? 가르치고 글을 쓰면서, 저는 기록하려는 행위가 아무것도 아니라는 주장들을 부정하고자 정신의 신성함을 증언하려고 했습니다. 패트릭의 공책과 그가 외워두었던 시들, 그의 딸에게 쓴 아름다운 편지들, 여동생들과 뒷마당에서 놀 때 빛나던 그의 얼굴. 하지만 이 모든 것에 대해 경찰은 전혀 신경 쓰지 않습니다. "사람들이 나를 보고 무섭다고 생각할지도 몰라요." 패트릭은 체포된 지 몇 주 후에 저에게 말했습니다. "범죄자라고요."

살인과 강도 혐의로 종신형을 선고받은 형제 수감자의 이야기를 담은 『형제와 수호자(Brothers and Keepers)』의 저자 존 에드가 와이드먼은 서문에서 형제의 삶을 바꾸기 위해 글을 썼다는 자신의 순진함을 질책합니다. 그런데 왜 그는 글을 썼을까요? "현대 사회의 분노와 억압하고 수감하려는 욕구에 대해 생각하면서," 그는 썼습니다. 그리고는 묻습니다. "나는 지속적인 불만과 무력감에 시달립니다. 이 책은 누구에게 말을 거는 것일까요? 그것은 누구의 연민이나 분노를 끌어들이려고 하는 것일까요? 모든 글이, 서정적이든 선전이든, 엎질러진 우유를 두고 우는 것에 불과한가요?" 와이드먼은 자신의 권위에 대해 의문을 제기합니다. "이것이 내 이야기인가요, 내 이야기가 아닌가요? 내가 이 이야기에 속하나요? 이 이야기가 나에게 속하는가요?"

저도 『패트릭과 함께 읽기』를 쓰면서 같은 질문을 던졌습니다. 다른 사람들에 대해 글을 쓰는 것의 윤리적인 문제는, 간단히 말해서 다른 사람들과 함께 사는 것의 윤리에 대한 문제입니다. 자신이 속한 공동체를 넘어 관계를 맺는 방법은 무엇일까요? "나는 다른 사람들에 대해 글을 쓰지 않겠다"라고 결심하는 것은 어리석은 일이겠지만, 사랑, 우정, 평등, 정의 등 도덕적 가치를 지키기로 결심하는 것 또한 어리석은 일입니다. 왜냐면 그러한 가치들의 실현은 그렇게 쉽고 간단하게 되는 일은 아니기 때문입니다.

저 역시 제가 쓴 글이 패트릭에게 어떤 방식으로든 도움이 될 것이라고 생각했습니다. 백만장자가 그 책을 읽고 패트릭에게 집을 사줄 것이라는 생각, 아칸소 주지사가 그것을 읽고 식량 배급 지원을 다시 해줄 것이라는 생각, 고용주가 패트릭이 일할 수 있도록 돕고 싶다는 전화를 준다는 상상. 하지만 아무 일도 일어나지 않았습니다. 일 년에 두 번 정도, 관대한 독자가 패트릭의 삶에 기부를 합니다. 저는 그 사람들을 제 마음속에 소중히 간직합니다.

제 몫을 다하고자 저는 책 인세의 일부를 그에게 주고, 그의 딸을 위한 대학 기금을 만들었고, 적은 돈이지만 조금씩 그에게 돈을 보내고 있습니다. 저는 그에게 차를 사주었습니다. 미국 시골에서 차를 가지고 있는 것이 취직의 필수 조건임을 아는 사람은 아무도 없을 것입니다. 수년 동안 패트릭과 그의 부인은 저에게 배가 고프다, 불이 꺼졌다, 물이 끊겼다, 면접 보러 갈 버스비를 낼 수 없다, 견인 회사가 내 차를 가져갔고 청구서가 200달러라는 이메일을 보내왔습니다. 때때로 저는 증거를 요청했습니다. 청구서 같은 것을요. 하지만 불이 꺼져 있는 어두운 방에서 청구서를 어떻게 찍을 수 있나요?

어떤 사람들은 제가 바보라고 생각할 것이고, 또 어떤 사람들은 제가 충분히 주지 않았다고 생각할 것입니다. 아마도 둘 다 맞을 것입니다. 가끔 저는 중상류층 사람들이 가난한 사람들과의 관계를 피하는 이유가 돈을 요구받는 것이 두렵기 때문이라는 나쁜 생각이 들기도 합니다. 그리고 이것은 단순한 인색함에 대한 비난 때문이 아니라 스스로 바보가 되는 것이 두려워 사람들과 나누지 못한다는 생각도 듭니다.

다시, 책이 삶을 바꿀 수 있나요? 물론입니다. 우리는 감옥에서 독학으로 읽고 쓰는 법을 배운 말콤 X를 통해 이 사실을 알고 있습니다. 지난달, 한 친구가 프랑스-알제리 작가 칼레드 밀로디(Khaled Miloudi)를 소개해주었습니다. 그는 22년 동안 수감된 경험이 있는 작가이자 시인이자 철학자입니다. 그는 자신이 감옥에서 자살을 계획했다고 말했습니다. 하지만 어느 날, 독방에서 테이블 위에 놓인 종이를 발견했고, 그는 글을 쓰기 시작했습니다. 그리고 그는 찾을 수 있는 모든 것을 읽었다고 합니다. "단어들이 내 목숨을 구했습니다." 그가 말했습니다.

그럼에도 불구하고, 제가 쓴 책은 패트릭의 삶을 바꾸지 못했고, 책들이 그의 삶을 바꿨는지 여부는 여전히 모호합니다. 그동안 저는 작가가 되었고, 제가 쓴 책을 팔아야 하는 사람이 되었습니다. 문화 산업 내에서 자라거나 일하지 않았던 저는 이 점에서 저의 순진함을 깨달았습니다. 출판 후, 저는 제 책을 저열한 시선으로 보았던 것 같습니다. 상업적 게임의 일부, 개인적인 허영의 매개체로서요. 그 전에 저는 책을 숭배했습니다. 아마도 내가 읽을 줄 알게 된 순간부터 책을 소중히 여겼을 것입니다. 이제는 더 이상 그렇지 않습니다. 저는 이것을 제 인생에서 가장 큰 상실감과 환멸 중 하나로 생각합니다.

사람들은 종종 왜 이 책을 썼냐고 묻습니다. 여러 가지 대답이 가능하지만, 가장 간단하고 솔직한 대답은 이것입니다. 제가 글을 쓸 때, 저에게는 멈출 수 없는 생각이 있었습니다. "이걸 다 적지 않으면, 그건 일어나지 않은 거야." 이 말이 터무니없게 들리지만, 그게 제가 느꼈던 방식입니다. 델타를 떠났을 때, 저는 함께 보낸 시간이 우리의 기억에서 사라질까봐 두려웠습니다.

자유를 위한 글쓰기

제가 글을 쓰는 이유는 그것을 제 자신과 다른 사람들에게 건네고 각인하기 위함입니다. 저는 함께한 시간과 사건을 기록하고 역설하기 위해 글을 썼습니다. 모든 사람에게는 잠재력이 있습니다. 특히 변두리, 버려진 곳에 사는 사람들, 예컨대 농촌 지역, 감옥, 지구 끝자락의 장소에 사는 사람들에게 말이지요. 모든 사람은 자유를 경험할 자격이 있으며, 그것을 가능하게 하는 선택권을 가져야 합니다.

캘리포니아의 교도소에서 제 인생에 아주 큰 영감을 준 학생들을 많이 만났습니다. 하버드 대학교를 비롯한 수많은 명문 대학교의 학생들보다 열의가 더 가득했습니다. 그곳에서 한 학생이 톨스토이와 안톤 체호프를 다섯 번 이상 읽었다고 말한 적도 있습니다. 그들을 가르치는 교사인 저는 두 번밖에 읽지 않았기에, 부끄럽기까지 했습니다. 대부분 교도소에 있는 사람들은 시간이 많으니 그럴 수 있다고 생각하겠지만, 그들에게는 해야만 하는 일들이 정말 많아서 책을 읽기 위해서는 엄청난 노력과 의지가 필요한 일이었습니다.

그럼 그들이 왜 그렇게 열심히 책을 읽었을까요? '자유' 때문이라 생각합니다. 그들은 비록 교도소 철창 안에 갇혀 있지만, 책을 읽는 동안 자유를 느꼈던 것이지요. 그들 중에는 이미 여든이 넘어 교도소 밖으로 나올 가능성이 거의 없는 분들도 있습니다. 하지만 그런 분들도 책을 읽고 글을 쓰는 일에 최선을 다하고자 했습니다. 그 시간을 통해 자신이 깨어 있을 수 있고, 인간답게 살아갈 수 있기 때문입니다.

사람마다 자유를 느끼는 순간은 다 다를 겁니다. 누군가는 글을 쓰면서, 누군가는 그림을 그리면서, 누군가는 노래를 부르면서 자유를 느끼겠지요. 저는 글을 쓸 때 덜 외롭다고 느낍니다. 다른 사람들이 쓴 글을 읽으면서 그들도 나와 같은 고민을 했다는 것을 깨닫게 되고, 또 힘을 얻게 됩니다. 모든 사람에게 이런 순간이 필요하다고 생각합니다. 자유는 삶의 원동력이지요. 나를 잃지 않게 해주는 힘, 저는 그게 자유라고 생각합니다.

여러분이 들려주고 싶은 이야기는 무엇입니까? 용기 있는 사람들에 대한 이야기인가요? 가족에 대한 이야기인가요? 할아버지, 할머니에게 그들이 사랑하는 것, 또 그들이 잃어버린 것에 대해 여쭤보고 쓴 이야기인가요? 기관이나 사람에 대해 탐사 취재를 하는 기자에 대한 이야기인가요? 과학자들이 돌고래와 대화하기 위해 애쓰고 있다는 이야기는요? 모두 아주 멋진 이야기죠. 2천 년이 넘은 나무에 대한 이야기일 수도 있고요, 음악과 춤, 연극과 예술에 대한 것일 수도 있습니다. 그리고 대부분 우리가 이야기하는 중요한 주제는 인간 존재의 외로움에 대해서, 또 우리가 함께 살아가는 공동체에 대해서, 그리고 우리가 함께 만들어가는 삶이라는 여정에 대한 것이라고 생각합니다. 아마 여러분도 모두 들려주고 싶은 각자만의 이야기가 있을 것입니다.

읽고 글을 쓰는 것이 무슨 의미가 있는지 저는 늘 스스로에게 묻습니다. 저는 사회활동가라는 정체성이 제 삶의 한 부분이라고 생각합니다. 또한 변호사로서 사람들을 위한 법을 만들고, 노동현장을 더 좋게 만들어야 한다는 의무도 잊지 않으려고 합니다. 그러나 그런 사회적인 책임과 동시에 책을 읽어 영혼을 치유하고 마음을 보듬는 일, 서로를 연결하는 일이 중요하다는 것도 알고 있습니다. 책읽기는 우리에게 어떤 사람이 되고 싶은지 묻습니다. 여러분에게 마지막으로 묻고 싶습니다. "여러분은 누구입니까? 여러분은 어떤 사람이 되고 싶나요? 여러분은 자신의 자유를 지키기 위해 어떤 일을 하고 싶습니까?"

함께 생각해보기

나는 어떤 인간이 되고 싶은가

『'나의 나무' 아래서』는 일본의 노벨문학상 수상작가 오에 겐자부로의 삶과 솔직한 그의 생각이 담긴 책입니다. 장애를 가지고 태어난 첫아이와의 일상적 삶에서부터 전쟁이 끝난 이후 갑작스럽게 변해버린 일본 사회에 관한 이야기까지 삶의 순간순간 부딪히며 겪은 일들에 대한 그의 깨달음과 고민은 시대와 나이를 뛰어넘어 여전히 우리에게 많은 공감과 질문을 남겨주는데요.

그중에서도 그가 초등학교 저학년 시절 만난 '고노 아저씨'에 대한 기억은 오에 겐자부로에게 '머리에 후추보다는 소금이 더 많은' 나이가 될 때까지 잊히지 않는 중요한 경험이 됩니다. 고노 아저씨는 학교의 사환(집사)으로 항상 교정 구석을 대나무 빗자루로 청소하는 모습으로 기억됩니다. 저학년 학생들은 모두 그를 무서워했고, 선생님들의 말에도 잘 대꾸하지 않는 무뚝뚝한 어른이었습니다. 그러던 어느 날, 들개가 교정에 나타나 학생들을 위협하자, 고노 아저씨는 여학생들의 앞을 막아서서 대나무 빗자루로 들개에 맞서 싸웁니다. 들개를 간신히 쫓아낸 후에도 울고 있는 여학생들 곁에 말없이 묵묵히 서 있어주지요.

어린 오에 겐자부로는 그 모습을 보고 저런 사람이 되고 싶다고 마음속으로 빌었다고 합니다. 고노 아저씨가 여학생들을 위해 나선 행동은 누구보다 용감했고, 또 겁에 질린 여학생들을 위로하는 방식 또한 너무나 배려 있고 신사적이었기 때문일 것입니다.

> 어떤 일을 하는 사람이라는 의미가 아니라, 어떤 마음을 가지는 사람, 어떤 태도의 사람이 되겠지만, 그 시절의 나에게는 한 사람, 구체적인 인물이 머릿속에 있어서 어른이 되면—아니, 이제부터라도—그 사람처럼 되고 싶고, 그 사람처럼 용기 있는 일을 하는 사람이 될 수 있다면 하고 생각했습니다.
> – 오에 겐자부로, 『'나의 나무' 아래서』, 49쪽, 까치

이를 계기로 어린 오에 겐자부로는 고노 아저씨를 닮고 싶다는

글을 썼는데 그 글을 선생님이 다른 학생들 앞에서 낭독했고 아이들이 웃자 부끄러움에 작문지를 찢어버렸다고 합니다. 아마 아이들이 웃은 이유는 고노 아저씨가 사회적으로 존경받거나 인정받는 사람이 아니었기 때문일 것입니다. 사람들은 흔히 청소년들에게 '존경할 만한', '성공한', '위대한' 누군가의 일화를 듣고, 그들의 태도를 배우고, 닮으라고 하니까요.

하지만 오에 겐자부로는 돌이켜 작문지를 찢어버렸던 자신의 생각과 행동을 취소하고 싶다고 말합니다. 어른들이 말하는 '훌륭한 사람'들의 말과 행동이 아니라, 스스로 진심으로 느끼는 '닮고 싶은 사람'의 모습을 찾고 마음으로 좇았을 때가 항상 옳았기 때문입니다. 더구나 대단한 일을 하는 사람이 아니더라도, 우리 삶 주변에는 언제나 존경할 만한 태도로 삶을 대하는 사람들이 있습니다.

누군가의 용기 있는 행동, 말, 태도를 목격하고, 이를 마음에 품는 것은 살아가는 내내 내가 어떤 인간으로 살아갈 것인지 큰 영향을 주기 마련입니다. 이런저런 시기에 그렇게 되기를 원했었던 사람이 되고 싶다고 마음에 새겼던 모델이 누구에게나 몇 명쯤은 있을 것입니다. 그리고 나는 내가 살아온 나날들을 돌아보면서 우선 그 사람처럼 되고 싶다고 원했던 그 누구에 대해서도, 완전히 그 사람으로는 될 수 없다고 생각합니다. 그러나 그 사람처럼 되고 싶다고 생각하고 그 사람처럼 조금씩 변해갈 수는 있을 것입니다. 그래서 어렸을 때, 어떤 사람의 행동과 태도에 대해서 강한 인상을 받고서 그 사람처럼 되고 싶다고 결심하는 것은 좋은 일입니다.

―오에 겐자부로, 『'나의 나무' 아래서』, 53쪽, 까치

  오에 겐자부로는 몸과 마음이 한창 자라나는 시절에 닮고 싶은 사람의 행동과 태도를 마음에 담아 두고, 조금씩이라도 변해가는 것은 좋은 일이라고 말합니다. 여러분에게도 그렇게 강렬한 인상을 준 사람이 있나요? 마음에 품고 닮아가려 노력하는 행동이나 태도가 있나요? 여러분 마음속의 기억을 어떤 인간이 되고 싶은지와 함께 엮어 들려주세요.

김세원(16세)

항상 장래 희망 직업 리스트에 따른 본보기만 생각했지, 누군가의 태도를 닮고 싶다는 생각을 해본 적은 없었던 것 같습니다. 그래도 항상 가지고 싶었던 태도가 있다면 "누군가 하겠지"라는 생각을 버리는 것입니다. 모두가 이렇게 생각한다면 자신이 옳다고 믿는 것을 행동으로 옮기려는 사람도 점차 없어지게 될 거고, 더

나은 결과를 만드는 일이 더 힘들어질 거라 생각합니다. 최대한 남에게 맡기려는 생각을 버리고, 용기를 내 먼저 행동을 시작하려는 사람이 되고 싶습니다. 완벽하게 그 생각대로 사는 인간은 아니더라도, 생각을 실천하는 사람이 되고 싶습니다.

홍지아(15세)

악마의 재능이라고 사람들의 동경을 받은 인물, 한편으로는 끊을 수 없는 도파민처럼 궁금증과 경이로움으로 관객들을 끌어당기던 파가니니를 보며 저는 상상하곤 합니다. 이 세계에서 찾는 인간은 매력적인 그 어떤 아우라로, 자신을 사회가 필요하게 만드는 사람이라고요. 이 조건에 완전히 부합하는 파가니니가 제가 미래에 꿈꾸는 모습입니다. 그가 연주하는 모습은 마치 악마 같고 작곡하는 곡은 해독 불능의 상형문자 같다고도 합니다. 이런 독창적인 특징이 저의 흥미를 자극합니다. 비록 비극적인 죽음을 맞이하였지만, 역사에 독보적이고 하나뿐인 캐릭터로 자리 잡은 그런 매력적인 사람을 닮고 싶습니다.

장희원(16세)

학교에서 현장 체험학습이나 체육대회가 끝날 즈음엔 늘 환경 정화 활동을 합니다. 그날도 어김없이 주위에 있는 쓰레기를 주워야 했는데, 아이들의 원성이 곳곳에서 들려왔습니다. 저도 여러 활동으로 몸이 힘들어 쓰레기를 줍는 둥 마는 둥 했던 것 같습니다. 그런데 그때 한 친구가 보였습니다. 그 친구는 불만 섞인 표정 하나 짓지 않고, 누구보다 열심히 쓰레기를 주웠습니다. 이름도 모르고 얼굴도 거의 처음 보는 친구였지만 이왕 쓰레기를 줍는 거, 정말 진심으로 주우려는 그 아이의 마음이 멀리서도 느껴져서 아직도 오랫동안 기억에 남아 있습니다.

 그 뒤로 저는 사소한 일이거나 누구도 보지 않는 일일지라도 불만을 품지 않고 열심히 하는 사람이 되어야겠다고 다짐하게 되었습니다. 그런 마음을 가지니 제가 하는 모든 일이 즐겁게 느껴지고, 성취감을 느끼는 순간도 눈에 띄게 늘었습니다. 깨달음을 얻게 해준 그 친구에게 지금도 감사한 마음입니다.

김주영(15세)

 유명한 피아니스트 류이치 사카모토를 닮고 싶습니다. 그분이 가지고 있는 따뜻한 마음과 음악에 대한 열정을 닮고 싶습니다. 피아노를 치는 열정과 우리에게 좋은 음악을 들려주는 열정을 닮고 싶습니다. 음악을 작곡하는 일은 고통을 수반하는 일이라 생각합니다. 좋은 음악을 위해 새벽까지 작곡하시는 태도가 감동적이었습니다. 그리고 무엇보다 쓰나미가 휩쓸고 간 마을의 작은 체육관에서 그 곳의 사람들을 위해 음악을 연주했던 모습은 결코 잊을 수 없는 장면입니다. 저는 그분의 음악을 사랑하는 마음과 태도를 닮고 싶습니다. 그리고 음악을 통해 다른 이들에게 위로와 영감을 주는 태도까지 말입니다.

하세범(16세)

최근 윤동주의 「간」이라는 시를 봤습니다.

> 바닷가 햇빛 바른 바위 위에
> 습한 간을 펴서 말리우자.
>
> 코카서스 산중에서 도망해 온 토끼처럼
> 들러리를 빙빙 돌며 간을 지키자.
>
> 내가 오래 기르는 여윈 독수리야!
> 와서 뜯어 먹어라, 시름없이
>
> 너는 살지고
> 니는 여위어야지, 그러나

거북이야!
다시는 용궁의 유혹에 안 떨어진다.

프로메테우스, 불쌍한 프로메테우스.
불 도적한 죄로 목에 맷돌을 달고
끝없이 침전하는 프로메테우스.

여기서 프로메테우스는 그리스 로마 신화에서 인간에게 불을 준 죄로 평생 간을 쪼아 먹히는 형벌을 받는 신입니다. 프로메테우스가 제게 강렬한 인상을 남긴 이유는 그는 벌을 받을 것임을 알면서도 자신이 옳다고 믿는 것을 실행했다는 사실 때문입니다. 원래 프로메테우스의 신화 이야기를 알고는 있었지만, 윤동주의 시로 보니 새로운 감명을 받게 되었습니다. 그러면서 나도 프로메테우스 같은 사람이 되어야겠다고 생각했습니다. 두려움이 있더라도 옳다고 생각하면 행동으로 옮기는 사람 말입니다.

최정원(14세)

중학교에 온 지 한 달 정도 지난 어느 날, 아침에는 해가 쨍쨍했지만 하교 시간이 되니 비가 내리기 시작했습니다. 우산을 가지고 오지 않은 학생이 많아 안절부절못하고 있을 때, 퇴근하시던 선생님께서 학생들 몇 명에게 우산을 씌워주시는 모습을 보았습니다. 선생님의 어깨는 비로 젖었지만, 상관하지 않으시고 우산을 씌워주는 그 모습을 정말 닮고 싶었습니다. 우리 학교의 1학년 2반 선생님. 학교 선생님이 되고 싶다는 것이 아닙니다. 학생과 함께 하는 순간에 자신이 젖는 것은 생각하지 않으시는 따뜻한 모습을 본 후 사회 선생님을 정말 존경하게 되었습니다.

윤정서(16세)

저는 사람들이 가장 힘들 때 위로해준 사람으로 기억에 남고 싶습니다. 제게 많은 영향을 준 사람은 친한 친구인데, 그는 반에서 소외되는 친구를 항상 챙겨주는 사람이었습니다. 시험을 망쳐도 긍정적인 태도를 보였고, 슬퍼하는 친구에게 위로도 잘 해주는 친구입니다. 저는 누군가에게 인사를 해주는 것만으로 그 사람을 행복하게 만들어준다고 생각합니다. 또 힘들 때 곁에 있어주는 것만으로 정말 큰 위로가 된다는 걸 그 친구를 보며 깨닫게 되었습니다. 그래서 저는 말과 행동이 누군가에게 따뜻한 위로가 되는 사람으로 기억되고 싶습니다.

박성빈(15세)

저는 제가 닮고 싶은 어떤 사람, 아니 동물이 있습니다. 최근〈혹

성탈출 시리즈를 처음부터 끝까지 다시 보았는데요. 인간이 거의 멸종하고, 침팬지와 같은 유인원이 세상을 정복하는 이야기입니다. 여기서 침팬지의 왕, '시저'는 약물을 맞은 엄마의 지능을 그대로 받아 인간 이상의 지능을 가졌습니다. 시저는 그 지능을 자신들을 실험 대상으로 삼은 인간에게 복수하는 데에 쓰고 동시에 많은 유인원의 단합과 화목을 이루는 데에 사용합니다.

시저는 '유인원은 유인원을 죽이지 않는다', '유인원은 하나로 뭉치면 강하다'라는 원칙으로 현재 우리 사회에 필요한 진정한 지도자의 모습을 보여줍니다. 시저는 복수심에 불타지만 함부로 인간을 해치지 않고, 유인원이 어떻게 좋은 사회를 이룰 것인지, 구성원을 위하는 모습을 보여줍니다. 저도 리더의 역할을 맡는 경우가 있었는데, 시저와 같은 리더의 모습을 본받아 모두에게 이롭고, 모두가 살기 좋고, 생활하기 좋은 세상을 만드는 사람이 되고 싶습니다.

김도현(15세)

법의학자는 시체를 부검하고, 형사나 판사에게 그 사람이 왜 죽었는지 알려주는 사람입니다. 중학교 1학년 때 법의학자 유성호 선생님의 책을 통해 법의학자란 무엇을 하는 사람인지 또 사회적 역할은 무엇인지 생각하게 되었고 저 또한 이들을 닮고 싶다는 확신이 섰습니다. 유성호 선생님께서는 법의학자가 '죽은 사람의 권리를 지켜주는 사람'이라고 하셨습니다. 세상엔 억울한 죽음을 맞은 사람이 많지만 그에 대한 적절한 보상이 이뤄지지 않고, 범인이 처벌받지 않는 경우도 있다고 합니다. 그런 사람들의 죽음을 세상에 밝히고, 바로 잡고, 사회를 고치는 데 기여하는 것이 법의학자라는 말을 듣고, 저도 그러한 삶을 살고 싶다는 꿈을 가지게 되었습니다.

이원준(17세)

얼마 전 5·18 광주 민주화 운동에 대한 기록을 찾아보았습니다. 당시 민주주의를 위해 독재정권에 저항한 청년들은 계엄군의 진압에 셀 수 없이 살해되고 다쳤습니다. 세상의 정의를 이뤄내기 위해 자신의 목숨을 담보로 투쟁했습니다. 어떠한 제압과 방해가 있어도 멈추지 않았습니다. 저는 이러한 청년들의 모습에서 돈키호테를 보았습니다. 돈키호테는 자신이 옳고 정의롭다고 생각하는 것을 향해서 세상에 굴하지 않고 미친 듯이 돌진한 전형적인 인물입니다. 저는 민주화를 이뤄낸 것은 몇몇 정치인이 아니라 생명을 아끼지 않았던 청년들의 열정이라고 생각합니다. 저 역시 그들과 같이 정의를 위한 열정을 가진 사람이 되고 싶습니다.

박혜민 (17세)

어린 시절에 만나 아직 잊히지 않는 존재가 있습니다. 『아낌없이 주는 나무』에 나오는 나무입니다. 인간은 자기가 필요할 때만 나무에 와서 나중에는 나무의 모든 것을 가져갑니다. 결국 항상 혼자 남아 인간을 기다리는 건 나무였습니다. 어린 저의 눈에는 나무의 모습이 외롭고 쓸쓸하게 느껴졌습니다. 중학생 때쯤 이 책을 다시 읽어보았습니다. 그때는 나무의 모습이 이해가 안 되고 바보 같아 보였습니다. 자기밖에 생각할 줄 모르는 아이에게 언제나 기쁜 마음으로 자기 자신을 내어주는 나무에게 제발 너 자신부터 생각하라고 말해주고 싶었습니다.

그러나 지금 다시 나무에 대해 생각해보면 아이의 이기적인 마음을 알고 있으면서도 내색하지 않고 아무렇지 않게 자신을 내어줄 수 있는 모습은 제가 본받고 싶은 모습이었습니다. 많은 사람을 만나보면서 나무처럼 행동하기란 매우 어려운 일임을 알게 되었습니다. 나도 한 인간으로서 이기적인 본성을 이겨내고, 옳고, 선한 행동을 선택할 수 있는 인간, 나무 같은 인간이 되고 싶습니다.

최준안 (16세)

예전에 철학자에 관해 글을 쓰는 숙제가 있었습니다. 철학자에 대해 아무것도 아는 게 없었기에 몇 안 되는 아는 철학자들을 열심히 떠올리다 보니 교과서에서도 자주 보던 공자의 인생에 대해 호기심이 생기기 시작했습니다. 동양철학의 주요한 축이자 한국 유교 사상의 뿌리인 공자의 생각은 지금 보아도 일말의 이질감도 들지 않는 완벽한 생각들이었습니다. 윗사람을 공경하라, 인과 예를 중시하라는 내용은 정말 인간적이었습니다.

특히 그의 이런 생각이 나라가 전쟁으로 혼란스러울 당시 나왔다는 사실이 더욱 놀라웠습니다. 그리고 더욱 멋있었습니다. 세상은 서로를 공격하고 남을 죽여야만 하는 혼란스러운 것이라고 해도, 나 하나만큼은 남을 존중하고 존경할 수 있다는 것은 지금도 제 마음에 남아 있습니다. 남을 사랑하는 마음이 점점 사라지는 현대 사회에서 전 언제나 남을 공경하고 존중하는 공자의 마음가짐을 따라 살아가고 싶습니다.

하수민(16세)

숙제를 하지 않은 채 학원에 간 적이 있습니다. 친구들 앞에서 혼이 날까봐 긴장한 채로 조마조마하며 선생님이 과연 어떤 말을 할지 기다리는데, 선생님은 "숙제를 제출하지 않은 학생이 있던데, 저마다의 사정이 있었을 거로 생각하기 때문에 혼을 내지는 않겠습니다. 다만 사정이 있다면 미리 선생님께 말해주면 좋겠죠?"라고 웃으며 말씀하셨습니다.

저마다의 사정이 있었을 거라는 선생님의 말씀과 선생님의 웃음이 저라는 사람이 이유 없이 존중받을 수 있고 존중받아야 하는 존재라고 느끼게 해주었습니다. 애쓰지 않아도 존재 자체로 이해받는 기분이 들어서 마음이 싱숭생숭하면서도 좋았습니다. 그때의 따뜻하고 기분 좋은 경험을 기억하며 납득이 잘되지 않더라도 저마다의 사정이 있겠지 하며 '그럴 수 있지'하고 이해하곤 합니다. 그러면서 이해가 잘되지 않는다는 이유로 누군가를 상처 주는 일이 사라졌습니다. 판단과 비난을 유보하고 이해와 존중으로 타인을 대하는 사람이 되고자 합니다.

홍나현(17세)

우리 학교에는 학교를 청소하는 분이 계십니다. 학생들이 수업할 동안 학교를 깨끗이 만들어주는 고마운 분입니다. 아저씨의 자리는 학교 1층 맨 구석에 햇빛이 들어오는 뒷문 앞에 놓인 책상인 것 같습니다. 저희가 쉬는 시간에 그 옆에서 수다를 떨 때면, 아저씨 자리에 책 한 권이 놓여 있는 것을 항상 볼 수 있었습니다. 며칠 전까지만 해도 『레 미제라블』 1권을 읽고 계셨는데, 어느새 3권을 읽고 계시더군요. 아저씨는 저희가 인사하시면 고개를 숙여 같이 인사해주십니다. 친구들과 "힘들어 안 받아주실 법도 한데 같이 인사해주시니 감사하다"라고 이야기하곤 합니다. 일을 열심히 해내면서도 좋아하는 책을 읽고, 사람들을 배려하면서 살아가는 신사적인 사람이 되고 싶습니다.

박정환(17세)

제가 어렸을 때 저는 저의 아버지가 그리 대단한 사람이라는 것을 느끼지 못했습니다. 당시 뭐가 옳은지 그른지도 몰랐을 때라 그냥 착하고 바르게 자라고 싶다는 기억만 있습니다. 그러던 제가 고등학생이 되면서 느낀 바, 아버지처럼 산다는 것이 매우 어렵다는 것이었습니다.

이를 크게 느끼게 된 계기는 식탁에서 아버지와 밥을 먹던 도중 아버지의 질문으로 시작되었습니다. 아버지는 제게 만약 아버지 자신이 돈도 없고 무식하고 모자라도 자신을 똑같이 대할 것인지 물어보셨습니다. 이에 저는 차마 아무 말도 하지 못했습니다. 그 후 저희 아버지는 자기 아들인 나를 있는 그대로 사랑해주실 거라 하며 내가 잘났든 못났든 아버지에게 있어서 아들인 저는 그저 아들이니 똑같이 대해주실 것이라고 말씀하셨습니다. 그 말을 듣고 저는 앞으로 사람을, 조건을 모두 제외하고 있는 그대로 대하는 사람으로 크고 싶다는 생각이 들었습니다.

김재영(18세)

예전의 저는 항상 '기브 앤 테이크'를 고수하는 아이였습니다. 이익이 없는데 희생하는 건 어리석다고 생각했죠. 한 번은 제가 영어로 불공정거래에 대해서 발표를 해야 했어요. 이 발표는 중간고사 점수를 대체하는 매우 중요한 발표였어요. 영어가 부족하다고 스스로 생각했기 때문에 불안해하다가 영어를 잘하는 친구에게 도움을 요청했습니다. 저는 간단하게 틀만 잡는 걸 도와줄 줄 알았는데 PPT 만드는 것부터 대사까지 모두 도와줬어요. 노는 걸 그렇게 좋아하는데도 10시간가량 저를 도와줬죠. 저는 점수보다도 그 친구의 도움에 보답하고 싶어서 10페이지나 되는 대사를 모두 암기해서 좋은 결과를 얻을 수 있었어요.

만약에 친구의 도움이 없었다면 이렇게까지 열심히 했을까요? 좋은 점수를 받아서 친구에게 "네 덕분이야!"라고 말하고 싶은 욕망 때문에 그렇게 열심히 할 힘을 가질 수 있었다고 생각합니다. 친구의 도움은 지금까지 오직 나의 이익을 추구하던 저에게는 너무 신기한 일이었어요. 어떻게 받는 것 없이 온 힘을 다해서 누군가를 도울 수 있을까요? 그 친구는 그때뿐 아니라 시험에 안 좋은 점수를 받아 우울해하면 항상 저를 데리고 밖으로 나가서 우울함을 없애주었고 좋은 소식을 들으면 항상 찾아와서 누구보다 크게 축하해줬어요. 저는 그 친구 덕분에 "조건 없이 베풀 수 있는 사람,

남의 행복을 진심으로 축하해줄 수 있는 사람"에 대해 생각해볼 수 있었어요. 저는 그 친구에게 정말 깊은 감동을 느꼈고, 저도 어떻게든 그 친구에게 힘과 도움이 되고 싶어졌어요.

벌써 2년이 지난 이야기지만 아직도 이에 대해서 얘기하고 다닙니다. 바라는 것 없이 오직 그 사람을 위해서 돕는다는 게 불만이 아닌 즐거움을 준다는 것과 스스로 가치를 발전시키는 데 큰 도움이 된다는 깨달음도 얻었어요. 도움의 의미를 찾은 저도 인생을 더 편한 마음으로 살 수 있게 되었고, 누군가 잘된다면 누구에게든 좋은 일이니까, 주변 사람을 진심으로 응원하고 도움을 주는 사람이 될 수 있었어요. 그 친구의 진심 덕분에 저는 불안했던 삶에 안정감을 얻었고 따뜻하고 편한 마음으로 학창 생활을 보낼 수 있었기에 그 친구처럼 그런 사람이 되고 싶다고, 진심으로 지금도 생각하며 산답니다.

배호은(18세)

어릴 때부터 꿈꾸던 제 모습은 선한 영향력을 줄 수 있는 사람이었습니다. 제 말에 사람들이 위로 받고 제 행동에 사람들이 영감을 받고 다시 일어설 힘을 얻으면 좋겠다는 생각에서 시작된 꿈이었습니다. 하지만 과연 단순히 선한 영향력을 주고 싶다는 게 전부인지 스스로 물어보면 고개를 저을 수밖에 없었습니다. 문득 진로 탐색 시간에 어떤 과학자가 죽음을 받아들이는 방식에 크게 위로 받았던 기억이 떠올랐습니다. 또 강연을 듣고 큰 감동을 느꼈던 기억도 났습니다.

　두 기억이 부모님께서 하나의 삶에서 세상을 다양한 시선으로 볼 수 있도록 방법을 알려주셨던 것과 겹쳐 떠올랐습니다. 그렇다면 저는 어떤 모습으로 살고 싶은 것일까요? 전문적인 지식을 바탕으로 선한 영향력을 다수에게 실천할 수 있는 사람이 되고 싶습니다. 마치 부모님이 부모님과 다른 제 모습을 이해하고 다가와 주는 것처럼요. 다수에게 그런 마음으로 다가가 긍정적인 행동을 이끌고 싶습니다.

함께 읽어볼 책

- 『'나의 나무' 아래서』 오에 겐자부로, 송현아 옮김, 까치, 2001
- 『나는 왜 쓰는가』 조지 오웰, 이한중 옮김, 한겨레출판사, 2025
- 『패트릭과 함께 읽기』 미셸 쿠오, 이지원 옮김, 후마니타스, 2022

너의 이야기를
발명하라―2

역사·사회

모리 겐(森健)
일본 기자, 『쓰나미의 아이들』 저자

우리가 지키고 싶은 세계는 어떤 모습인가?

· 모리 겐

　일본에서 기자이자 작가로 활동하는 저는 정치인, 종교인, 예술가, 기업인 등 정말 다양한 사람을 만납니다. 이들과 만날 때 한 가지 원칙이 있다면, 모든 사람은 똑같다고 생각하는 것입니다. 때론 사회적으로 옳지 않은 일을 저지른 사람도 만날 때가 있지만, 그 사람에게도 예의를 잃지 말자는 마음을 갖고 있습니다. 심지어 인터뷰를 의뢰하던 중에 뺨을 맞은 적도 있지요. 하지만 저에게 화를 내는 사람에게도 똑같이 친절하게 대하려고 합니다.

　인터뷰 중에는 상대가 싫어하는 질문을 할 때도 있습니다. 사회 문제에 대해 다소 괴로운 내용을 묻는 경우도 많습니다. 높은 지위에 있는 사람에게 엄중한 질문을 해야 할 때도 있고, 중병이나 자연재해로 힘든 경험을 한 사람에게 그 상황이나 심경을 물어봐야 할 때도 있습니다. 심각한 이야기를 듣는 것은 결코 즐거운 일이 아니지요. 상대에게도 부담이 되다보니 제가 스트레스 풀이 대상이 되기도 합니다. 때로는 과연 물어도 될지 어떨지 망설이게 되는 질문도 있습니다. 그래도 굳이 질문을 던지는 쪽을 택합니다. 왜냐하면 두 가지 이유가 있습니다.

하나는 까다로운 취재를 할 때, 그것은 길게 봤을 때, 말하자면 역사의 증인으로서 필요한 물음이었다고 나중에 이해될 수 있기를 바라기 때문입니다. 또 하나는 누군가의 쓰라린 경험을 전하는 것은 분명 다른 누군가에게 깨달음이나 구원이 될 것이라고 믿기 때문입니다. 사람은 결코 혼자 살 수 없습니다. 반드시 누군가의 도움이 있어야 인생을 살 수 있는 법입니다. 살면서 누구나 힘든 순간은 반드시 있습니다. 질병, 실연, 가족의 죽음, 실업…. 그럴 때 다른 누군가의 경험을 알게 되면 '나 혼자가 아니다'라고 이해할 수 있습니다. '나 혼자가 아니다'라는 공감이나 공명은 분명 내면의 안심으로 이어지기도 합니다. 만약 제가 취재하고 쓴 작품에서 어느 독자가 그렇게 느낀다면, 저에게 있어서 그 작품은 세상에 내어놓길 잘했다고 생각이 드는 글일 것입니다.

기자인 제가 주로 쓰는 논픽션은 상상으로 쓸 수 없습니다. 객관적인 사실, 혹은 어떤 사람이 말해준 증언에 기초해 사건이나 인물에 대한 글을 써나갑니다. 여기서 상상력이 중요한 역할을 할 때는 글을 쓸 때가 아니라 취재 상대를 만나서 이야기하는 순간입니다. 어떤 질문을 어떻게 던지는지에 따라 상대방으로부터 얻을 수 있는 대답이 크게 달라지기 때문입니다.

다만 인터넷 커뮤니케이션이 발달한 현대에 이러한 행위는 반드시 저널리스트만이 해야 하는 일은 아니게 되었습니다. 누구나 자신의 이야기를 세상에 내놓거나 교류할 수 있게 되었습니다. 그래서 무엇을 말하고 들을 것인지를 고민하는 일이 어떤 세상을 만들 것인가와 아주 강력하게 연결되는 시대를 살고 있다고 생각합니다. 이제 저널리즘인지 아닌지에 관계없이, 지금의 젊은 사람들에게는 다양한 책이나 정보를 넓게 접하고, 많이 읽고, 적절히 글을 써서 공유할 수 있는 것이 중요하다고 생각합니다.

저는 2011년 3월 11일 오후 2시 26분에 일어난 동일본대지진에 대해 취재한 적이 있습니다. 강도 9의 강력한 지진이 있고 40여 분이 흐른 뒤, 쓰나미가 덮쳤습니다. 수많은 가족들의 터전과 그들의 삶 전체를 휩쓸고 지나갔습니다. 20분 동안 약 2만 명의 사람들이 목숨을 잃거나 실종되었습니다. 저는 쓰나미가 있은 일주일 후 이와테 현 오츠치 마을을 찾아갔습니다. 그들의 삶은 어떻게 바뀌었는지, 이후 벌어진 심각한 상황들과 깊은 상처의 이야기를 들었습니다. 피해자들이 있는 대피소들을 돌아다니면서 저는 끔찍하고 극심한 광경들을 여럿 목격하였습니다.

하지만 동시에 아이들이 뛰어노는 모습 속에서 희망을 발견하기도 했습니다. 바로 이 아이들 덕분에 저는 『쓰나미의 아이들』이라는 책을 썼습니다.

거대한 재해가 지나간 후, 큰 상처를 입은 사람들이 정말 많았습니다. 아이들은 자신들에게 닥친 잠재적 위험에 대한 아주 희미한 불안에 힘들어했고, 그 불안감을 집안이나 학교에서 나쁜 행동과 태도를 보여주는 것으로 해소하는 경우도 있었습니다. 어른들도 물론 쓰나미로 인해 충격을 받았습니다. 그들은 삶의 방식과 의미를 잃어버린 채, 보상금에 의존하는 삶을 살게 된 경우도 있습니다. 한 가족의 예를 들면, 쓰나미로 인해 부모님을 잃은 스무 살 누나와 두 남동생은 갑자기 생긴 보조금을 흥청망청 써버려서 생활이 마비된 경우가 있었습니다. 이렇듯 재난 이후에 그들의 삶과 생활 방식은 완전히 바뀌어버렸습니다. 하나의 큰 위기는 지나갔지만, 두 번째, 세 번째 위기는 또 다른 모습을 하고 그들을 뒤덮고 있다는 사실을 보여주었다고 생각합니다.

피해자 가정들을 방문하면서 재난을 잘 극복해낸 사람들에게서 세 가지 공통점을 발견했습니다. 첫째는 자신이 처한 현실을 정확히 대면하고 받아들인다는 것입니다. 다시 말해, 삶과 세계에 대해 보다 넓은 범위의 시야를 가지는 것이 아픔을 이겨내는 데 가장 중요했습니다. 둘째는 일상생활 속에서 희망과 소망을 갖는다는 점입니다. 아주 사소한 것이라 할지라도 좋습니다. 마지막으로 인간관계를 맺고 공동체를 형성한다는 것입니다. 우리는 수많은 위험이 도사리는 세계에서 살고 있습니다. 단지 기술적인 것뿐만 아니라 정신적인 것도 함께 대비해야 합니다. 그중 쉽게 할 수 있는 실천은 바로 가족 혹은 친구들과 함께 일상 속에서 끊임없이 대화하는 것입니다. 훌륭하고 끈끈한 유대관계를 가지는 것은 극한의 상황에서 매우 큰 힘을 발휘합니다. 물론 우리의 감정을 억지로 표현하라는 것은 아닙니다. 다만 서로의 감정을 살피고 또 함께 대화할 필요가 있는 것이죠. 이는 결코 어려운 일이 아니며, 끝내는 우리에게 큰 힘을 가져다 줄 것입니다.

재난 이후의 위대한 공동체

『쓰나미의 아이들』의 소제목은 '재난이 휩쓸고 갈 수 없었던 것들'입니다. 그것은 어떤 의미일까요? 앞서 말한 아픔을 잘 극복한 사람들이 가지고 있었던 삶의 태도 가장 중심에는 희망이라는 것이 있다고 생각합니다. 하지만 개인의 희망만으로는 해결이 되지 않는 문제도 있습니다.

동일본대지진 이후 핵발전소 붕괴로 방사능 유출 문제가 심각했습니다. 심정적으로는 핵발전소가 없어져야 한다고 생각하지만, 막상 취재를 가서 핵발전소와 관계된 일을 하는 사람과 얘기하다 보니 '핵발전소가 없어지면 저 사람들은 어떻게 살까'라는 생각이 들었습니다.

제가 좋아하는 소설 중에, 나치 시대의 미국인에 대한 이야기가 있습니다. 그는 자기가 만행을 저지르는지도 모른 채, 스스로를 좋은 사람이라 생각해요. 전쟁이 끝나고, 죄를 저질렀으니 벌을 받고 죽게 되는데요. 그 과정이 무척 비극적이면서도 우스꽝스럽습니다. 저는 이야기가 가진 힘은 여기 있다고 생각합니다. 슬픈 일, 화나는 일, 즐거운 일, 행복한 일의 경계를 넘나드는 힘이 필요합니다. 그게 삶이기 때문이지요. 저는 언제나 균형 잡힌 시선을 이야기하고 싶습니다. 나의 주장이 옳다고 이야기하기보다, 서로의 이야기를 나누는 걸 좋아합니다. 다른 사람의 생각을 부정적으로 여기기보다, 그 생각도 소중하고 중요하다고 여기며 들어보는 태도가 중요하다고 생각합니다.

원래 책읽기는 기록된 문자를 읽고 자신의 머릿속에서 인물의 모습이나 사물의 전개를 상상력을 통해 다시 조립해가는 작업입니다. 그것은 결코 저자가 머리로 그린 것과 같지 않습니다. 문자라는 기호만으로 이야기나 논리를 재구축하는 것이지요. 그것은 상상력을 개발하며 논리력의 향상을 가져오기도 합니다. 그래서 이야기를 읽는 것은 간접적인 경험이라고 할 수 있습니다. 연애나 취업 등 일상에 가까운 스토리도 있지만, SF나 살인 사건 등 비일상적인 사건도 있습니다. 그 드라마들을 접함으로써 두근거리거나 다양한 유사 경험을 하기도 합니다.

다만 그 유사 경험을 해나갈 때 부차적인 중요한 효과가 있습니다. 그것은 바로 자기 자신과의 대화입니다. 이야기를 읽을 때, 우리는 항상 자신에게도 묻습니다. 그리고 다양한 사람의 움직임이나 생각을 읽어나가는 가운데, '나 같으면 어떻게 생각할까?', '나 같으면 어떻게 행동할까?', '나 같으면 어떻게 말할까?' 우리는 어딘가에서 이렇게 생각하고 있는 나 자신을 발견할 것입니다.

그것을 의식하는 경우도 있지만, 대부분은 무의식적으로 이루어지고 있는 사고 과정입니다. 자신을 이야기 속 누군가로 대입하여 감정을 느끼기도 하고, 생각이나 행동의 방법을 스스로에게 물으며 확인하는 것이지요. 그렇게 함으로써 우리는 수많은 가능성을 떠올립니다. 거기에는 다양한 요소가 관련되어 있습니다. 예를 들어 선과 악이라는 행위에 대한 입장의 차이, 법률 해석에 따른 입장의 차이, 윤리적인 의의에 대한 입장의 차이, 사상이나 종교 등의 입장의 차이도 있습니다.

1954년에 출간된 윌리엄 골딩의 소설 『파리대왕』에서는 비행기

사고로 남태평양의 무인도에 십여 명의 소년이 살아남기 위해, 혹은 권력을 갖기 위해 서로의 행동이 엇갈리는 장면이 나옵니다. 이를 읽는 독자는 당황하면서 자신이라면 어떻게 할까 생각해볼 것입니다. 1866년 발표한 도스토옙스키의 『죄와 벌』에서도 가난한 전직 대학생 라스콜니코프는 돈을 빌려 준 노파를 살해하고 빼앗은 돈으로 선행을 하려 하지만 노파의 처제까지 죽이고 맙니다. 그로 인해 자신이 한 일의 죄와 벌을 깊이 생각하게 됩니다. 유명한 이야기이기도 하고, 경제 격차가 커지는 현대에서는 이런 종류의 테마는 결코 오래되고 낡은 주제가 아니지요. 여러분은 소설 속 인물과 같은 행동을 할 것 같나요, 아니면 그렇지 않을 수 있을 것 같나요? 여전히 유효한 질문입니다.

  우리는 독서를 할 때, 이야기 속 등장인물의 시점에서 생각하고, 자신에 대해서도 검증해 나갑니다. 즉, 독서라는 행위는 다른 사람의 입장에 서서 사물을 생각하는 행위의 첫걸음이라고 할 수 있습니다. 그런 사고 실험의 과정이야말로 독서의 최대 효능이라고 저는 생각하고, 그것을 많이 하는 사람일수록 다른 사람을 잘 이해할 수 있으며, 사회의 다양한 모습을 파악할 수 있지 않을까 생각합니다.

우리가 만들고 싶은 세계를 위한 책읽기

책을 읽는 것은 자신과의 대화이며 세상에 대한 다양한 이해와 관련되어 있습니다. 책을 읽다보면 자연스럽게 어떤 생각이 떠오르는 경험을 하게 되고 또 거기에 대한 대답을 찾게 되죠. 이렇게 이야기를 서로 주고받는 대화의 과정은 사유를 더 발달시키는 데 도움을 줄 것입니다. 또한 구체적으로 어떤 책을 자세하게 함께 읽을지에 대해서 결정하는 것도 굉장히 중요한 요소겠죠. 자신이 속한 세계, 삶, 사회 등에 대해서 어떤 철학적인 사유를 할 수 있는 책을 읽는 것도 필요할 것입니다. 제 삶을 돌아보더라도 저에게도 그런 경험의 순간이 아주 많았습니다. 그래서 삶이란 무엇인지, 삶의 부조리란 무엇인지, 비극과 희극은 무엇인지 등 삶의 이런 것들을 고민하고 생각하고 실천하는 과정들에서 제 생각의 깊이를 더하는 데 책 읽기는 굉장히 도움이 많이 되었다고 생각합니다.

그런데 최근 책이라는 매체는 아주 큰 위기를 겪고 있습니다. 인터넷 혹은 소셜 미디어의 발달 때문일 건데요. 많은 채널을 통해서 정보를 접하고 또 수집할 수 있게 되었습니다. 하지만 동시에 이러한 미디어 환경 속에 있는 우리는 상상력이 결여되고, 마치 보이는 것이 전부인양 여기게 되는 것 같습니다. 그렇기 때문에 이야기가 가진 어떤 힘이나 이유가 더욱 분명히 존재한다고 생각합니다. 그래서 책이 중요합니다. 책은 물리적인 형태를 가지고 있고, 정서적인 위안을 주는 역할을 할 수 있지요. 책장을 넘기는 과정에서도 그 힘을 충분히 느낄 수가 있죠. 그래서 저는 책이 사라지지 않기를 바랍니다. 이런 물리적인 세계라고 하는 것은 분명히 사람들에게 어떤 식으로든 지지와 위안을 줄 것입니다.

동시에 경험도 정말 중요하다고 생각합니다. 하지만 그런 경험은 제한적일 수밖에 없고, 그 빈자리를 채워주는 것이 독서인 것 같습니다. 다만 여러분이 꼭 읽어보았으면 하는 종류의 책이 있습니다. 바로 부조리를 이야기하는 책입니다. 인생은 힘들 때가 많습니다. 모든 사람은 좋은 인생을 살기 위해 애씁니다. 노력하면 꿈을 이룰 수 있다고 배우기도 하지요. 그런데 그렇지 않을 때도 많습니다. 하루에 12시간 공부해도 성공하지 못하거나, 돈을 많이 벌지 못할 수도 있는데, 그 사실을 받아들이기가 너무 어렵습니다. 바로 이런 것이 부조리인데요. 소설을 읽다 보면 그런 부조리적인 상황을 많이 보게 됩니다.

예를 들어 프란츠 카프카의 『소송』이라는 작품을 보면, 어떤 남자가 이유도 없이 감옥에 끌려가서 불행한 결말을 맞게 되는 이야기가 나오는데요. 이유를 알면 이해할 테지만, 주인공도 이유를 알지 못합니다. 이유를 알지 못하니 매우 불안하죠. 카프카의 『성』이라는 작품도 마찬가지입니다. 성에 들어가고 싶지만 가지 못한다는 내용이 나오는 장면을 보면, 왜 그러한지를 적어놓은 대목이 굉장히 깁니다. 소설을 다 읽고 나서도 내용이 이해가 가지 않을 겁니다. 하지만 몇 년 지나 조금씩 이해하게 될 수도 있습니다.

알베르 카뮈의 『시지프 신화』도 마찬가지입니다. 시지프 신화는 잘 아시겠지만, 시지프가 힘겹게 커다란 돌을 정상에 올리면 다시 떨어지고, 그것을 또 다시 올려야 합니다. 도대체 그 무의미한 일을 왜 끝없이 반복해야 하는 걸까요? 카뮈의 결론은 시지프가 돌을 올리는 그 과정에 답이 있다는 것입니다. 그것이 말해주는 분명한 메시지가 있다는 것입니다.

이런 소설을 읽는 이유는 받아들이기 힘든 부조리한 사실을 마주하고, 조금씩 받아들이는 연습을 하는 것과도 같습니다. 이해할 수 없었던 것을 비로소 이해하게 되는 날이 오면, 책읽기의 의미를 더욱 알게 될 것입니다. 그리고 그것이 내 삶의 모습을 그리는 과정에서 반드시 필요한 일이며, 우리가 원하는 세계를 만들기 위해 반드시 거쳐야 할 작업이라는 사실도요.

여러분은 어떤 이야기를 읽고, 듣고, 쓰고, 말하고 있나요? 그 이야기들은 여러분이 살고자 하는 세계와 닮아 있나요? 모든 이야기는 가치가 있습니다. 다만 어떤 이야기를 머릿속에서 그리고 또 어떤 이야기가 펼쳐지는 세계를 살아갈지에 대한 선택은 오롯이 여러분의 몫이라는 사실을 잊지 마시길 바랍니다.

달빛고래와 가장 순수한 바다

옛날부터 전해져오는 이야기는 어디부터가 진실이고 거짓일까요? 입에서 입으로 전해온 많은 이야기는 사실 정보, 소위 '팩트'를 중요하게 생각하는 오늘날에 어쩌면 그저 재밋거리에 불과할지 모릅니다. 하지만 그것들이 지금까지 살아남은 이유는 분명합니다. 얼마나 사실과 일치하느냐와 상관없이 이야기는 우리에게 가르쳐주는 진실이 있고, 무언가를 바꾸는 힘이 있기 때문입니다.

"이제, 내가 원하는 것은 팩트다. 이 아이들에게 팩트 외에는 아무것도 가르치지 마라. 인생에서 중요한 것은 팩트뿐이다."

- 찰스 디킨스, 『어려운 시절』 중에서

"사실! 오직 사실만을!" 영국 최고의 소설가 중 한 명으로 평가받는 찰스 디킨스의 『어려운 시절』에는 그래드그라인드 씨(Mr. Gradgrind)라는 인물이 나옵니다. 학교 선생님이자 정치인으로 그려지는 그래드그라인드 씨는 세상을 오직 '숫자'와 '도표'로 이해할 수 있다고 믿는 인물이죠. 그는 '팩트'만을 강조하며, 인간의 감정, 윤리, 상상 따위는 아무짝에도 쓸모없는 것이라고 주장합니다. 이러한 그의 교육철학 때문인지 그의 딸 루이자는 삶의 의미를 잃고 공허함에 괴로워하고, 그의 아들 톰은 도박과 범죄에 빠지고 말지요. 그렇다면 왜 그래드그라인드 씨는 문학교육을 그토록 반대했을까요?

그것은 바로 문학은 우리에게 감정, 윤리, 상상 등을 가르쳐주기 때문입니다. 따라서 문학작품을 읽는다는 것은 도덕적 상상력을 키우고, 타인의 관점에 공감하며, 윤리적 판단능력을 기르는 길이라고 할 수 있지요. 물론 과학적 데이터와 팩트(사실)들은 세상을 이해하는 데 매우 중요한 요소입니다. 하지만 문학이 우리에게 가르쳐주는 감정적·도덕적·철학적 진리야말로 인간을, 사회를, 자연을, 우주를 이해하는 데 더욱 보편적인 방법일 수 있습니다.

1820년 11월 20일, 칠레의 태평양 연안 모차섬 앞에서 거대한 하얀 향유고래가 고래잡이배 에섹스호를 공격해 침몰시켰다고 한다. 그 배는 15개월 전 북대서양 낸터킷항에서 출항했다가 조난을 당한 것이다.

전해 오는 이야기에 의하면, 거대한 몸집의 하얀 향유고래가 에섹스호를 공격한 것은 선원들이 작살로 암컷 고래와 새끼 고래를 죽였기 때문이라고 한다. (…) 그 뒤 20년이 지나 죽음을 맞이한 순간, 26미터에 달하는 그의 몸에는 1백 개 이상의 작살이 있었다고 한다.

— 루이스 세풀베다, 『바다를 말하는 하얀 고래』, 119~120쪽, 열린책들

하얀 향유고래 이야기 역시 어디까지 사실인지는 모릅니다. 하지만 하얀 향유고래는 죽음 이후에도 루이스 세풀베다의 마음에 새로운 파도를 일으키며 유영했습니다. 암컷 고래와 새끼 고래를 지키려 했던 26미터에 달하는, 100개 이상의 작살을 맞고도 살아남았던 거대한 모차 딕. 루이스 세풀베다는 푸른 바다를 자유롭게 헤엄치던 그 고래에게 어떤 이야기가 있었을지 질문하고 상상했을 것입니다. 『바다를 말하는 하얀 고래』는 그렇게 탄생했겠지요.

『바다를 말하는 하얀 고래』는 한 고래가 생존을 위해 벌인 투쟁

의 기록입니다. 책은 하얀 달빛 향유고래, 모차 딕의 시선을 따라갑니다. 인간이 아닌 고래의 시선으로 세상을 보는 일은, 우리에게 질문을 던지고 안타까움과 분노를 주기도 합니다. 모차 딕에겐 한 가지 임무가 있는데요. 바로 칠레의 한 해변에서 살아가는 라프켄체 부족이 죽었을 때 수평선 너머 자유로운 세계로 인도하는 할머니 고래들을 보호해야 한다는 것입니다. 사람들은 임무를 위해 칠레 바다 근처에서 머무는 이 거대한 고래를 사냥하고 싶어합니다. 그들에 맞서 다른 생명을 지키기 위해 고군분투하는 모차 딕의 이야기는 우리가 얼마나 세상을 인간 중심으로 바라보고 있었는지를 다시금 생각하게 합니다.

이 소설을 단순히 고래잡이를 하지 말자는 의미로 끝낼 수 없는 것은 바로 그 지점에 있습니다. 사실 마음만 먹으면 모차 딕은 얼마든지 혼자만의 안전한 바다로 떠날 수 있었죠. 하지만 그는 그러지 않았습니다. 모차 딕은 라프켄체 사람이 할머니 고래의 등을 타고 가는 곳, 바다에 사는 모든 생명이 모두 따라가고자 하는 곳, 자유가 거대한 물길처럼 흐르는 가장 순수한 바다와 그곳에 가려는 이들의 미래를 지키려고 했습니다.

세풀베다는 우리에게 아직 늦지 않았다고 말합니다. 고래를 구하는 것은 결국 인류 스스로를 구하는 길이 될 수도 있습니다. 고래가 사라지면 바다의 생태균형은 깨지고 이는 우리의 생존과도

직결된 문제입니다. 그런 의미에서 하얀 고래는 자연의 증인이자, 인간 탐욕의 희생자이자, 우리가 잊고 있는 생명의 소리라고 할 수 있습니다. 따라서 하얀 고래는 단순한 동물이 아니라, 저항과 기억, 생태계의 연약함, 인간 탐욕의 희생자 등을 상징하는 존재라고 할 수 있습니다.

소설에서는 이 '가장 순수한 바다'가 어떤 곳인지 선명하게 말하지 않습니다. 그곳이 어떤 곳인지, 또 그곳에 가기 위해 어떤 어려움을 대비해야 할지, 포기하지 않을 방법은 무엇일지 고민하고 준비하며 실천하는 것은 우리의 몫입니다. 청소년들이 소설을 읽고 함께 토론해보았습니다. 우리가 가닿아야 할 가장 순수한 바다는 어떤 곳일까요?

귀 기울여야 할 작고 위대한 목소리

그것은 금조개였다. 껍질은 울퉁불퉁해서 마치 돌멩이처럼 보였지만, 안은 진주처럼 하얀 빛깔을 띠고 있었다.

「그걸 귀에 대고 있으면 고래가 말을 해줄 거예요.」

라프켄체 아이는 그 말을 남기고 어두운 빛깔의 자갈 해변을 따라 잰걸음으로 떠나 버렸다.

나는 아이의 말대로 해보았다. 세계 남쪽의 잿빛 하늘 아래에서 어떤 목소리가 바다의 옛날 언어로 내게 말을 건넸다.

― 루이스 세풀베다, 『바다를 말하는 하얀 고래』, 14쪽, 열린책들

소설의 처음은 이야기를 풀어나가는 서술자가 금조개에 귀를 대자, 보이지 않고 들리지 않았던 세계의 이야기를 만나는 장면이 나옵니다. 금조개에 귀를 대면 들리는 낮고 깊은 소리는 우리가 쓰는 언어는 아니지만, 아주 깊은 바닷속 시간과 공간을 담았다고 상상한다면 그 목소리가 우리에게 건네는 말이 분명히 있을 것입니다. 이처럼 우리의 삶에는 보이지 않고 들리지 않지만, 상상을 통해서 이야기의 형태로 알 수 있는 세계가 있습니다. 여러분이 가만히 귀 기울여 들었을 때 말을 걸어올 것 같은 소리는 무엇인가요? 그 목소리는 여러분에게 무엇이라고 말할 것 같나요?

김루형 (16세)

밤길을 걸으며 산책하다 보면, 항상 같은 자리에 고양이 한 마리가 있습니다. 저는 옆에 앉아 그 아이를 바라보는데요. 그 작은 생명의 하루가 어떨지 궁금했습니다. 어떤 날은 기분 좋게 다가오다가도, 때로는 공포에 질린 눈빛으로 도망치는 걸 보면 저에게 이렇

게 말하는 것 같습니다.

"오늘 낮에는 어떤 사람이 손에 막대를 들고 입에서 연기를 뿜으며 나에게 소리 지르고, 꺼지라며 걷어차고 때렸어."

저는 이런 작은 생명의 들리지 않는 목소리에 더 귀 기울이게 되는 것 같습니다. 그리고 그들에게 오늘 하루가 힘들지는 않았는지 조용히 물어보고 싶습니다.

홍우영 (15세)

저는 잔디밭에 앉아 하늘을 보며 가만히 있는 것을 좋아합니다. 그럴 때마다 바람이 불러주는 노래를 듣습니다. 어떨 때는 빠른 노래를, 어떨 때는 여유로운 노래를 불러줍니다. 그 소리를 들으면 잡생각이 없어지고 편안해집니다. 바람이 불러주는 노래를 듣다 보면 노을 지는 풍경까지 어우러져 훨씬 기분이 좋아집니다. 바람은 제가 듣고 싶을 때 노래를 들려주지 않습니다. 바람이 원할 때 들려줍니다. 저는 그래서 바람이 좋습니다. 제가 힘들고 우울할 때 기분이 좋을 때 언제든지 바람은 위로해주고 축하해줍니다.

하지인 (15세)

저는 누군가가 보내는 도움의 목소리에 귀를 기울여야 한다고 생각합니다. 그 누군가가 자연이든지 사람이든지 그 경계는 없다고 생각합니다. 지구에서 환경 파괴로 인하여 보내오는 목소리일 수도 있고 사람이 스트레스 등의 이유로 보내는 목소리일 수도 있습니다. 하지만 이런 소리는 우리가 귀 기울이지 않으면 들을 수 없습니다. 제가 직접 겪지 않아 잘 알 수는 없지만, 만약 주변의 도움을 요청하는 목소리를 미처 듣지 못했다면 나중에 그 죄책감이 매우 클 것 같습니다. 저는 우리에게 도움을 요청하는 목소리가 그리 멀리 있지 않다고 생각합니다. 언제든 주변에서 목소리를 들을 수 있습니다. 우리는 빠르게 바뀌고 경쟁하는 사회에서 살아갑니다. 그 속에서 이 목소리는 작아도 매우 중요한 이야기가 아닐까요?

황선준 (15세)

저 멀리 밤하늘에서 들려오는 목소리에 귀 기울여 보았습니다. 별들은 자신이 본 지구에 대해 제게 말해 주었습니다. 인간이라는 동물은 환경과 다른 동물들을 파괴하며 살아가고 있다고 말입니다. 자연이라는 큰 그림이 아닌 오로지 자기들만을 위해서 말입니다. 심지어 최근에는 인간이 같은 인간과 싸우고 서로 죽이는 어리석은 행동을 한다고 이야기해주었습니다. 이런 지구를 지켜보기 힘들어진 별들은 결국 더 이상 빛나지 않기로 결정해, 지구에서는 보이지 않게 되었습니다. 인간들이 더 이상 싸우지 않고 자연을 지키기 위해 노력하면 다시 별들로 빼곡한 밤하늘을 볼 수 있을 것입니다.

한지운 (14세)

저는 플라스틱 페트병의 구멍에 귀를 가져다 대고 싶습니다. 공기 소리밖에 안 들리겠지만, 그 소리는 제게 "도와줘!"라고 들릴 것 같습니다. 예전에는 자연의 일부였을 것이 공장을 거쳐 지금의 플라스틱 페트병이 되었고, 환경을 오염시킵니다. 최근에는 그런 쓰레기들이 바다에 모여 하나의 큰 섬이 되기도 하고, 그걸 먹고 죽는 동물들도 증가하고 있습니다. 예를 들어, 알바트로스라는 새는 하늘 높이 날아다니는, 날개의 길이가 2미터가 넘는 커다란 새인데, 그런 새들도 플라스틱 쓰레기를 먹고 죽습니다. 우리가 사소하더라도 실천해야 하는 이유입니다.

윤재훈 (14세)

많은 사람이 이어폰으로 노래를 들으며 걷고, 자연의 목소리를 듣지 않습니다. 저는 바람이 말을 걸어주는 소리를 듣습니다. 어릴 때 저는 공원을 좋아했는데요. 공원은 산처럼 많은 동식물이 있지는 않지만, 그 살랑거리는 바람과 잔디가 흔들거리는 소리가 좋습니다. 바람을 느낄 땐 고요하면서 편안합니다. 진짜 살아 숨 쉬는 것 같고 답답한 마음도 풀어집니다. 요즘은 공원 잔디가 인공 잔디로 대체되거나, 벽돌 바닥으로 되어 있는 경우도 많아 아쉽습니다. 저도 바빠지면서 이제는 바람의 목소리를 듣기보다 차디찬 바람으로 느낄 때도 많습니다. 저도 다시, 다른 사람들도 바람의 소리를 들어보았으면 좋겠습니다. 흔들리며 불어오는 맑은 공기를, 거리의 매연이 아닌 자연의 향기가 말을 걸어오는 것을 느껴봤으면 좋겠습니다. 바람은 어디에나 있고 모두에게 붑니다. 바다에도 꽃밭에도 공원에도, 모두에게 많은 걸 알려줍니다. 바람이 우리 모두에게 "내 목소리를 들어줘"라고 얘기하는 목소리, 들리지 않나요?

김세원 (17세)

우리가 귀 기울여 들어야 할 소리는 전쟁 그 이면의 소리일 것 같습니다. 지금 이 시대에 쉽게 보고 들을 수 있는 단순한 총성과 폭발음이 아닌, 그 때문에 고통받는 사람들, 동물들, 자연의 목소리 말입니다. 전쟁의 두려움과 아픔을 알려주기도 하고, 황폐해진 침묵으로 보여주기도 합니다. 우리에게, 또 그 자신의 미래에는 이와 같은 아픔을 남기지 않기 위해 내는 목소리입니다. 간절하고, 순수하고, 애타게 세상에 닿고자 하는 이 소리를 듣는 사람이 더 많아진다면 좋겠습니다.

이원준 (18세)

야간자습 시간, 교실 여기저기서 들려오는 나지막한 한숨 섞인 한마디에 귀를 기울이고 싶습니다. 왜 그러냐고 물어보면 열에 아홉은 앞으로 고등학교 2년이 막막하고 힘들 걸 못 견디겠다고 말합니다. 사실 대한민국 학생이라면 누구나 느껴보는 감정이지만 저는 이 짧은 한마디에 너무나도 많은 걱정이 들어 있다고 생각합니다. 나름대로 각자 자신을 압박하는 이유가 있을 겁니다. 대학 입시든 부모님과 선생님의 성적 압박이든, 그로 인한 부담감을 참지 못하고 터져 나오는 소리 같습니다.

사실 얼마 전, 한 친구가 진지하게 물어본 적이 있습니다. 너희는 공부하다가 자살을 생각해본 적이 없냐고요. 항상 공부를 열심히 하던 노력파 친구의 입에서 나온 말이라 더 충격이었습니다. 소위 상위권 학생도 기쁨보다 이런 걱정이 더 큰데 다른 친구들은 어떨지 걱정이 되었습니다. 다시 들어보니 친구들의 욕설과 한숨이 구조 신호로 들립니다. 우리는 입시 경쟁에 지친 청소년들의 목소리에 좀 더 귀를 기울여야 하지 않을까요?

우리가 다시 세워야 할 새로운 정체성

　인간들이 바다에서 만났을 때 어떻게 행동하는지 내 두 눈으로 똑똑히 보았지만 미심쩍은 느낌을 지울 수 없었다. 작은 정어리도 다른 정어리를 공격하지 않는다. 느림보거북이도 다른 거북이를 공격하지 않는다. 아무리 생각해도 이 세상에서 자기와 비슷한 이들을 공격하는 종은 인간밖에 없는 것 같다. 인간들에 관해 새로운 사실을 알고 나니 영 기분이 언짢았다.
　– 루이스 세풀베다, 『바다를 말하는 하얀 고래』, 36~37쪽, 열린책들

　〈인간들이 무섭게 몰려올 거야. 배를 타고 오면서 고래, 돌고래, 바다표범, 물범, 바다코끼리, 펭귄, 갈매기를 닥치는 대로 죽일 거라고. 바다에 사는 모든 것들은 결국 인간들의 가마솥에 들어가 지방과 기름으로 변해버릴 거야.
　위대한 달빛 향유고래야, 넌 아주 중요한 임무를 맡은 거란다. 마지막 남은 라프켄체 사람이 할머니 고래의 등을 타고 모차섬으로 갔다가 수평선 너머의 세계로 먼 길을 떠나면, 바다에 사는 모든 생명은 너를 따라 가장 순수한 바다, 고래잡이배가 없는 바다로 갈 테니까 말이야.〉

> 커다란 바닷새인 앨버트로스는 더 이상 아무 말도 하지 않았다. 그는 내 등 위로 폴짝 뛰어올라 몇 걸음 달려가더니 날개를 활짝 펴며 하늘로 날아올랐다.
>
> – 루이스 세풀베다, 『바다를 말하는 하얀 고래』, 109~110쪽, 열린책들

자연의 세계를 가만히 들여다보면, 이 지구에 쓸모없는 쓰레기를 만드는 존재는 인간뿐이고, 다른 종을 멸종에 이르게 하는 것도 인간뿐입니다. 그런데 인간이 이러한 종이 된 것은 불과 100년 정도밖에 되지 않았습니다. 문명을 유지하기 위해서는 어쩔 수 없다는 생각도 우리의 고정관념인 것이지요.

인간 중심의 사고관이 만들어낸 파괴적이고 폭력적인 '인간들에 관한 새로운 사실'을 벗어나, 완전히 새로운 정체성을 발견해야 할 때가 아닐까 생각합니다. '종을 뛰어넘어 생명을 보호할 수 있는 존재', '교육을 통해 지금과는 전혀 다른 가능성을 찾을 수 있는 존재'인 인간과 같이 말이지요.

소설에서도 인간이 가닿아야 하는 세계를 말하는 듯한 '가장 순수한 바다'라는 문장이 나오는데요. 지금 우리가 저지르고 있는 많은 문제를 극복할 수 있는 인간의 새로운 정체성은 무엇이어야 할까요? 또 우리가 가야 할 세계는 어떤 모습일까요?

장희원 (17세)

이스라엘의 역사학자이자 『사피엔스』의 저자 유발 하라리는 인류가 수많은 공격으로 가득한 세상에서 살아남을 수 있었던 이유는 유연한 협력 때문이라고 설명합니다. 절대적인 타인과도 협력할 수 있다는 뜻이지요. 하지만 시간이 흐르며 인간은 협력할 수 있는 대상의 정의를 점점 좁혀왔을지도 모릅니다.

책 속에서 달빛고래는 태초에 바다로 나아간 인간의 눈에서 위협이 아니라 놀라움과 감탄이 느껴졌다고 회상합니다. 그랬기에 달빛고래는 인간의 용기를 존중했고, 인간 또한 바다에서 사는 존재라고 인식해 배에 다가가지 않았지요.

타인이란, 공격해야 하는 대상이 아니라 협력할 수 있고, 존중해야 하는 존재가 아닐까요? 발전이란 핑계로 폭력을 정당화하고, 나와 다른 존재를 혐오하고, 이해할 수 없다며 공감하지 않는 현재의 우리는 서로를 공격하지 않는 바닷속 생명의 가르침을 떠올려야 합니다. 고래, 또 다른 인간을 비롯해 모든 생명과 협력할 수 있는 세계로 향할 수 있도록 말입니다.

하지우 (14세)

"새끼 참거두고래가 죽으면 그 어미나 어미의 어미, 아니면 더 늙어서 더 이상 새끼를 낳을 수 없는 고래들이 며칠 동안이고 입에 물고 다닌다. 죽은 새끼의 몸이 흐물흐물해지면서 살점이 하나둘씩 떨어져 나갈 때까지 말이다. 그들은 가엾은 새끼 고래의 몸이 해류를 타고 위로 둥둥 떠오르게 두지 않고, 가장 깊은 바닷물 속의 정적과 하나가 될 때까지 절대 입에서 놓지 않는다."

– 루이스 세풀베다, 『바다를 말하는 하얀 고래』, 41~42쪽, 열린책들

어른 고래들은 새끼 고래가 죽어서도 바다에 사는 모든 생물이 가고 싶어한다는 '가장 순수한 바다, 고래잡이가 없는 바다'로 보내주려고 하는 것 같습니다. 죽은 새끼를 입에 물고 다니느라 며칠 동안 먹지도 못해 힘이 없으니 다른 포식자에게 쫓길 위험이 큽니다. 이렇게 자신이 위험에 처할 수도 있는데, 고래들은 무리를 위해 서로 번갈아 희생하는 게 눈물겨웠습니다. 지금 세상에도 죄 없이 희생되는 사람이 많은데, 세상은 너무 차갑습니다. 우리는 이런 고래의 따뜻함을 배워야 한다고 생각합니다.

홍연우 (14세)

"모차 딕, 다시 너를 잡으러 돌아올 테니까 두고 봐!"

책에서 삭살을 는 고래잡이 선원이 증오에 차 달빛 향유고래에

게 한 말입니다. 이 사람의 목소리는 장차 모차 딕에게 닥쳐올 일에 대한 경고였겠지요. 그런데 왜 작살을 든 사람이 증오를 느끼는지 너무 어리석고 한심하게 느껴졌습니다. 고래가 무엇을 잘못했나요? 돈을 벌기 위해 고래를 마구잡이로 죽이면서, 살기 위해, 소중한 존재를 지키기 위해 몸부림치고 투쟁하는 고래를 증오한다는 것이 이해가 가지 않았습니다. 우리가 어떤 행동을 저지르고 있는지 다시 생각하고 반성할 필요가 있습니다.

김호준 (16세)

어린 시절부터 갖은 압박 속에 경쟁하며 끝없이 타인과 비교하고 비교되는 존재는 대한민국의 학생들뿐이라는 생각을 했습니다. 동물의 세계에서도 생존경쟁이 있다지만, 입시만큼 길고 억압적이지 않은 것 같습니다. 그런 상황 때문에 저출생 같은 문제가 생겨났는데, 아이를 많이 낳게 하려면 아이를 행복하게 키우는 시스템이 먼저 갖춰져야 할 것 같습니다. 타인을 이기는 방법, 제한 시간 내에 빠르게 문제를 푸는 방법만 터득한 아이들이 커서 무엇을 할 수 있을까요? 점차 획일화되는 사회에서 인간의 새로운 정체성을 찾기 위해서는 역시 교육이 제일 중요하다고 생각합니다. 궁극적으로 인간중심 사고에서 벗어나기 위해 철학과 윤리를 중심으로 한 교육이 필요하고, 서로 협력하고 존중하는 상호 배려를 바탕으로 한 인간성을 키워야 새로운 인간의 모습, 사회의 모습을 만들 수 있습니다.

박휘홍 (14세)

모차 딕은 바다에서 인간들을 계속 쫓아다니며, 그들이 저지른 죄에 응징을 하려는 듯한 운명을 보여줍니다. 책에서 나온 "저주받은 운명"이라는 말에서 그는 단순히 바다의 일부가 아니라, 인간 행동에 대한 심판자처럼 느껴집니다. "더 이상 잃을 것이 없는 이들의 힘"이라는 표현도, 고래가 더 이상 아무런 목적 없이 움직이지 않는 게 아니라, 그 힘을 가지고, 인간의 잘못을 바로잡는 일을 하겠다는 결심, 그 운명을 받아들이겠다는 뜻으로 이해하게 됩니다. 이 문장을 보며 저는 모차 딕이 바다에서 가차 없는 정의를 실현하고 있다는 것을 알 수 있었습니다. 모차 딕의 정의가 담긴 목소리에는 인간이 다시 한번 자신의 행동을 돌아봐야 한다는 강력한 메시지가 담겨 있는 것 같습니다.

최준안 (17세)

소설 속 모차 딕이라는 이름을 가지게 된 달빛 향유고래는 모든 생명이 가고자 하는, 그러한 자유가 거대한 물길처럼 흐르는 바다를 지키는 존재입니다. 그리고 우리는 소설 속에서 이 달빛 향유고래가 인간의 모습을 어떻게 보고 있는지에 대해 알 수 있습니다. 다른 종이 인간을 바라보는 시선은 우리가 스스로 객관적으로 바라볼 수 있도록 합니다.

소설을 읽으며 가장 크게 느꼈던 것은 달빛 향유고래가 인간을 바라보는 시선이 이야기가 진행됨에 따라 점점 달라진다는 것입니다. 처음에는 인간을 호기심 어린 눈으로 바라보았습니다. 인간이 성장하는 모습을 보며 그들 또한 바다에 사는 존재들이라고 생각하기도 했습니다. 하지만 이야기가 진행될수록 고래는 인간에게 실망하게 됩니다. 서로 싸우고 죽이는 모습이나 고래를 사냥하는 잔인한 태도 때문이었습니다.

고래가 바다를 지켰던 것은 고래를 지키기 위해서도 있었지만, 바다와 함께 사는 인간들을 위해서이기도 했습니다. 다시 말하면 달빛 향유고래는 같은 종과 다른 종을 따지지 않고 모두의 자유를 위해서 열심히 싸워나갔다는 것입니다. 이러한 일은 소설 속에서만 일어나는 일이 아닙니다. 동물과 인간은 같은 자연 속에 살아가기에, 당연히 영향을 주고받습니다. 그리고 동물들은 때때로 위기에 처한 인간을 지켜주기도 하고, 아름다움을 전해주기도 하죠. 동물은 어쩌면 우리를 '가장 순수한 바다'에 데려다 주는 존재일 겁니다. 소설뿐 아니라 현실에서도 동물은 우리의 자유와 행복을 찾는 데 도움을 준다는 것입니다. 이러한 생각이 든 후 한 가지 질문이 생겼습니다.

말이 통하지 않는 동물들도 우리의 앞날을 위해 도움을 주는데 말도 통하고 함께 소통도 할 수 있는 인간끼리는 무엇을 하는 것인가? 하는 질문입니다. 물론 지금 동물과 인간의 관계도 분명 문제점이 존재하는데, 그보다 쉬운 문제 역시 해결하지 못하고 있습니다. 다른 종도 아닌 같은 종끼리 서로의 자유와 행복을 위해 힘쓰지는 못할망정 서로의 자유를 짓밟고 미래를 파괴하고 있는 모습 말입니다.

저는 우리가 인간으로서, 다른 인간에게 어떤 존재가 되어줄 수 있을지, 그들의 자유와 행복을 위해 무엇을 도와줄 수 있을지가 현재 가장 먼저 필요한 질문과 대답이라고 생각합니다.

박혜민 (18세)

제가 생각하는 우리 사회의 이상향은 평화라고 생각합니다. 분열되지 않은 상태를 원합니다. 지금 우리는 많은 잘못을 저지르고 있습니다. 평범한 일상에서도 다투거나 갈등을 겪고 아무렇지 않게 지구에 해를 가하고 있습니다. 책에서는 '가장 순수한 바다'라고 이상향을 설명합니다. 그렇다면 저는 우리 사회의 이상향을 '가장 원초적 사회'라고 말하고 싶습니다.

우리 사회는 수많은 시행착오를 겪으며 발전해왔고, 그 결과 4

차 산업혁명에 이르기까지 많은 규범과 법규가 탄생했습니다. 그러나 요즘은 이러한 발전이 존재하기 이전으로 돌아가야 한다고 생각합니다. 어쩌면 옛날이 지금보다 더 중요한 가치들을 놓치지 않았다고 생각합니다.

저는 이런 사람들에게 가장 원초적인 인간들의 삶에 대해 다시 한번 생각해보라고 하고 싶습니다. 이것은 충고나 권고가 아닌 의무이며, 우리 사회의 변화를 위한 첫 발자국이라고 생각합니다. 구체적으로 말해보자면 각 개인이 맡은 바를 누군가에 의해 떠밀려 하는 게 아니라, 능동적으로 선택하고, 책임감 있게 해나갈 수 있는 환경이 될 것입니다. 또한 자연과 인간의 관계에 대해서도 상호 보완적 관계로 삼는 사회가 되지 않을까요. 서로 배려할 힘을 가진 사회를 간절히 원합니다.

조예린 (18세)

우리는 따뜻한 무관심을 새로운 정체성으로 가질 필요가 있습니다. 타인을 향한 불필요한 관심, 과도한 참견을 넘어서서 조롱과 모독이 일상처럼 자리 잡은 풍경은 진정한 나를 잃어버리게 합니다. 우리는 모두 타인의 시선으로 구축된 외로운 무대에 평생토록 서 있는 것과 마찬가지입니다. 오늘날 우리는 조롱과 멸시가 일종의 스포츠처럼 이뤄지는 모습을 어렵지 않게 볼 수 있습니다. 누가 더 천박한 단어를 사용하는가, 누가 더 정의를 무력화하는가, 누가 더 소수자를 짓밟는가 같은 형태가 표현의 자유라는 비겁한 미명 아래 많은 이를 죽음으로 내몹니다. 다수이자 익명이라는 조건은, 책임도 의무도 없기에 한없이 안락하게 느껴지겠죠.

특히나 우리나라에서 더욱 따뜻한 무관심이 필요하다고 느끼는 이유는, 이 사회가 무한경쟁과 타인을 앞서나가는 것이 미덕으로 받아들여지기 때문에, 옷차림, 말투, 표정, 행동 등이 쉽게 평가되는 환경이기 때문입니다. 우리가 간과하고 있는 사실은 타인을 판단하고 평가하는 행위의 화살은 결국 그 말을 하는 사람에게도 돌아온다는 점입니다. 타인에게 우리의 눈을 향하게 하기보다 나 자신에 집중할 수 있다면 더욱 중요한 가치를 눈에 담을 수 있지 않을까요?

윤정서 (17세)

모차 딕은 인간의 등장으로 고통받고 지쳐가기 시작합니다. 처음에는 호기심으로 다가갔던 인간의 실체는 모차 딕의 시선에선 이해할 수 없는 것들뿐이었기 때문이지요. 인간은 끊임없이 무언가를 원하고 원하는 것을 얻기 위해선 어떤 수단과 방법도 가리지 않았습니다. 고래가 죽어 없어져도 그들은 또 다른 것을 원할 것이고 결국 어떤 죽음도 인간의 탐욕과 야망을 이거낼 수 없을 것입니다.

인간이 등장하고 나서 바다는 증오의 바다가 됩니다. 인간들은 모차 딕에게 점점 집착하고 모차 딕은 그런 인간들에게 분노하면서 더 이상 바다는 순수한 바다가 아닌 피투성이 바다로 변합니다. 그러면 순수한 바다란 무엇일까요?

'순수함'은 말 그대로 오염되지 않은 상태를 말합니다. 그러니 모든 생명이 그를 따라 가장 순수한 바다로 간다는 말은, 인간의 탐욕도 야망도 없는 그런 오염되지 않은 바다, 증오와 고통으로부터 자유로운 바다를 의미하는 것일 겁니다. 결국 모차 딕의 임무는 모든 생명의 자유를 지키는 임무였던 것입니다. 작살 수백 개가 박혔지만 모차 딕은 후회하지 않았을 것입니다. 그가 지키고자 했던 순수한 바다에 우리도 가고 싶지 않나요? 그 세계에 대한 꿈이 지금의 우리에게도 필요하지 않을까요?

끝까지 지켜야 할 가치

소설의 마지막, 달빛 향유고래는 이렇게 말합니다.

그래서 나는 등에 아홉 개의 작살이 꽂힌 채, 다른 고래잡이

배를 찾으러 넓은 바다로 나갔다. 인간들이 무서워 벌벌 떨며 모차 딕이라고 부르는 위대한 달빛 항유고래인 나의 임무는 그들을 쫓아 바다에서 몰아내는 것이기 때문이었다.

나, 인간들을 계속 쫓아다녀야 할 저주받은 운명.

나, 더 이상 잃을 것이 없는 이들의 힘.

나, 바다의 가차 없는 정의.

— 루이스 세풀베다, 『바다를 말하는 하얀 고래』, 116쪽, 열린책들

루이스 세풀베다는 자연을 파괴하고 약자를 억누르는 사람들을 비판하고 그들이 만든 세상에 저항했던 작가입니다. 달빛 향유고래가 온몸을 바쳐 탐욕스러운 인간으로부터 바다를 구하고자 했듯이, 루이스 세풀베다는 생명을 파괴하는 힘으로부터 이 세계의 모든 생명을 구하고 싶었던 것 같습니다.

그런데, 바다는, 혹은 이 세계는 달빛고래와 세풀베다 같은 존재가 있어야만 지켜집니다. 자신의 몸에 작살이 수십 개가 꽂히더라도, 점점 더 자신을 공격해 오는 힘이 거세지더라도, 포기하거나 굴복하지 않고 정의와 자유를 위해서 살아가는 존엄한 삶. 그런 삶들이 모여 이 세계를 지키고 있음을 우리는 잊지 않아야 할 것입니다.

달빛 항유고래의 마지막 저 문장을 나의 삶에 적용해 봅시다. 나

는 무엇을 지키는 사람이 되고 싶나요? 나는 누구에게 힘이 되는 사람이 되고 싶나요? 나는 어떤 가치를 지키는 존재가 되고 싶나요?

홍지아 (16세)

나, 현실의 차가움 속에서 문학의 따뜻함을 좇을 운명

나, 아픔 속에서 몸부림치는 이들의 힘

나, 고통과 치유의 대표적인 정의

저는 문학의 유익함을 알고, 문학을 자기 생각대로 읽을 수 있는 세계를 꿈꿉니다. 어떤 이들은 문학이 단지 허상 속 달콤함이며 실현될 수 없는 세상이라고 말하지만, 문학과 정반대의 부분이라고 느껴지는 '법'과 같은 분야에서도 문학의 힘을 빌린다고 합니다. 『시적 정의』에서는 재판관 또한 이상적인 정의를 이루기 위해 시를 읽고 그 속에서 따뜻함을 찾는다고 합니다.

또한 저는 나중에 의사가 되고 싶은데, 달빛 향유고래가 그 소명을 다하기 위해 차디찬 피와 수백 개의 작살과 맞서 싸운 것처럼 저 역시 세상의 병과 싸울 것입니다. 이렇게 존엄하고 진실한 삶이 모여 세계를 지키고 있음을 잊지 않을 것입니다.

김지원 (14세)

나, 어려운 사람들의 정체성을 지키는 사람

나, 자신의 꿈을 이루지 못하고 좌절하는 사람에게 힘이 되는 사람

나, 도전하여 이루는 사람

어려움을 겪는 사람은 점점 자기만의 고유한 특성을 잃어버리고 우울함을 느끼다 극단적인 선택까지 이를 수도 있습니다. 자신의 꿈을 이루지 못하고 이 때문에 좌절하고 힘들어하는 사람들에게 도움이 되고 싶습니다. 또 저는 어릴 때부터 하고 싶은 일은 끝까지 하는 사람이기 때문에 저 역시 끝까지 도전하는 존재가 되고 싶습니다.

노서연 (14세)

나, 세상의 정의를 지켜야 할 운명

나, 다른 사람을 위해 평생을 보낸 이들의 힘

나, 용기라는 가치를 지키는 존재

저는 정의를 지키는 사람이 되고 싶습니다. 그래서 다른 사람을 위해 평생을 보낸 사람을 매우 존경하고, 오늘날에도 그런 삶을 사는 분들을 돕고, 힘이 되고 싶습니다. 마지막으로 세상에 진실을 밝힐 수 있는 용기야말로 세상을 더 정의롭게 변화시킬 중요한 가치라는 게 여러 사례로 입증되었기 때문에, 저 역시 정의로운 세상

을 위해 용기 있게 살아가려고 합니다.

안석현 (14세)

나, 의미 있는 삶을 사는 인간

우리, 생각하며 화합하는 사람들

인간, 기억의 집합체

　의미 있는 삶을 산다는 것은 세상을 조금이라도 더 낫게 만드는 것이라는 문장을 본 적 있습니다. 제러미 벤담의 말처럼 최대한 많은 사람이 많은 행복을 누렸으면 좋겠습니다. 더 좋은 세상에서 많은 행복이 있도록 저 역시 노력하는 사람이 되고 싶습니다.

　더불어 좋은 세상이 되기 어려운 이유는 제가 생각할 때 사람들이 화합하지 못하는 것 때문입니다. 미래를 생각하고 행동할 수 있는 우리가 화합하고 더 나은 세상을 만드는 데 함께하면 좋겠습니다.

　마지막으로 인간은 모두 고유한 경험과 기억을 토대로 살아갑니다. 한 사람 한 사람이 유일무이하고 개성 있는 존재로서 있는 그대로 존중받을 수 있다면, 우리는 분명 더 많은 가치와 경험을 가진 훌륭한 존재가 될 수 있습니다.

김소율 (15세)

나, 마지막 한 줌까지 빼곡한 문장으로 적어나갈 운명

나, 이야기를 잃어버린 사람들의 힘

나, 속삭임의 확성기

저는 귀 기울여 듣는 것을 잘합니다. 많은 것에 귀 기울이다 보니 모두가 듣는 목소리보다 다들 휙 지나치고 무시당하고, 기다리지만 눈 마주치지 못하는 목소리가 훨씬 많다는 것을 알게 되었습니다. 저는 그 작고 소중한, 하나하나 다른 색으로 빛나는 목소리들을 많은 사람이 들을 수 있도록 그들의 확성기가 되어 주고 싶습니다. 저의 확성기는 바로 연필입니다. 그들이 조심스럽게 건넨 속삭임들을, 한 줌도 흘리지 않도록 빼곡한 문장들로 적어나가는 사람이 되고 싶습니다.

하수민 (17세)

나, 이해와 공감의 눈으로 세상을 바라보는 사람

나, 따뜻한 온기로 세상을 물들이는 사람

나, 세상의 모든 생명을 아끼고 사랑을 나누는 사람

세상 곳곳에 이해와 공감이라는 씨앗을 심고 따뜻한 온기로 영양분을 주어 새싹이 자라는 매 순간 아끼고 사랑을 주는 사람이 되고 싶습니다. '나'는 타인에 대해 잘 알기 어려우므로 서로를 이해하고 공감하려 노력하고, 알아가야 한다고 생각합니다. 그러면 내가 알지 못했던 사실도 알게 되고 느끼지 못했던 감정을 느끼게 될 것입니다. 그렇기에 이해와 공감은 세상의 정을 실천하는 과정의 첫 번째라고 생각합니다.

두 번째로 다정한 행동과 말을 건네야 합니다. 이해와 공감을 실천하며 알게 된 것을 바탕으로 어떤 다정함이 필요할지 고민해야 합니다.

세 번째로 세상의 모든 생명을 아끼고 사랑해야 합니다. 사랑에서 비롯해야 모든 생명을 소중하게 대할 수 있습니다. 그래야 세상도 더 정의로워질 수 있다고 생각합니다.

이소원 (15세)

나, 꿈에 쫓겨 살아가는 운명

나, 꿈이 없는 이들의 힘

나, 살기 위해 바다로 미친 듯이 기어가는 아기 바다거북

우리나라는 빨리빨리 민족으로 유명합니다. 어떻게 적은 시간에 더 많은 일을 할 수 있을지 고민하고 자기 전에도 '아, 이걸 했어야 했는데' 하고 후회하기도 합니다. 그래서 다음 날엔 더 적은 시간에 더 많은 일을 하려고 하죠. 학생들도 아침 일찍 등교하고 방과 후엔 학원에 다니고 저녁이 되어서야 집에 갑니다. 고등학생들

은 학교에서 야간자율학습도 하고 학원도 여러 개 다니니 시간은 더 없어 보입니다.

요즘 청소년에게 꿈이 뭐냐고 물어본다면 거의 대부분이 대답하지 못합니다. 주변에도 꿈이 없다고 말하는 친구들이 많습니다. 자신이 무엇을 하고 싶고, 어떤 걸 잘하는지 모르는 친구들 모두 하루빨리 자신의 꿈을 찾아 멋지고 열정 있게 살아갔으면 좋겠습니다. 단지 좋은 대학 가려고 하는 게 아니라요.

아기 바다거북은 알에서 나오자마자 위기를 만납니다. 아직 등껍질도 부드럽고 작고 느리기까지 한 아기 바다거북은 수많은 바다생물의 먹잇감이 됩니다. 청소년과 비슷하다고 생각했습니다. 많은 위기가 있지만, 그럼에도 각자의 바다로 마침내 도착할 수 있었으면 좋겠습니다.

최정원 (15세)

나, 꿈을 이루고자 하는 사람에게 힘이 될 것

나, 인간이 아닌 존재들의 목소리에 귀 기울일 것

나, 우주를 바라볼 것

어릴 때 과학자가 되고 싶다고 생각했을 때, 초등학교 과학 선생님께서 과학 실험을 해주실 때 모습이 너무 멋져 보였습니다. 그리고 중학생 때도 과학 선생님께 물어본 질문들에 대답해주시는 모습이 멋져 보였습니다. 진화 심리 생물학에 관심을 가지게 된 결정적인 이유는 데이비드 버스라는 진화 심리학자가 쓴 글을 읽고 나서부터인데요. 그분은 제가 궁금하던 것을 책으로 많이 알려주며 내 꿈에 희망을 불어넣어 주셨습니다. 그래서 저도 꿈을 이루고자 하는 사람에게 힘을 주는 사람이 되고 싶습니다.

식물, 동물, 세균, 바이러스 등 지구상의 많은 종들이 인간보다 오랜 시간 진화해왔습니다. 하지만 인간들은 자신이 그들보다 뛰어난 존재라고 생각하며 그들을 무시합니다. 심지어 같은 인간까지도 말이죠. 저는 그런 모습을 볼 때마다 왠지 모를 불쾌감이 들었습니다. 그래서 인간이든 아니든 모든 존재들의 들리지 않는 목소리에 귀를 기울이는 사람이 되고 싶습니다.

우주는 매우 넓습니다. 우리가 생각할 수 없을 만큼 거대하며 심지어 지금도 팽창하고 있습니다. 이 광활한 우주에는 우리 이외의 다른 생명체들이 살아가고 있을지도 모릅니다. 저는 그런 드넓은 우주를 볼 때마다 신비로운 느낌이 듭니다. 또한 하늘의 별을 볼 때마다 다양한 생각과 여러 별빛이 상상력을 자극합니다. 언제 초신성 폭발을 일으킬지 모르는 아니 이미 일어났을지도 모르는 베텔게우스를 관측한 날, 제가 이 넓은 우주의 티끌보다 못한 존재라고 느끼게 됐습니다. 이렇게 우주를 볼 때마다 조금씩 성장할 수 있는 것 같습니다.

배호은 (19세)

나, 불완전이라는 바다를 하염없이 유영하는 존재

나, 잔잔함으로 시작할 준비가 된 이들의 힘

나, 기억해야 할 것들의 믿음

불완전함은 역설적으로 완전함에 가장 가까워질 수 있는 상태라고 생각합니다. 우리는 불안정 속에서 불안도, 설렘도, 고통과 행복도 느낄 수 있고, 결국 그 안에서 끊임없이 다양한 감정과 경험들로 시간을 보내며 늘 의문을 가지게 됩니다. 저는 그러한 의문을 계속해서 던질 수 있는 사람이 되고 싶습니다. 내가 가진 불안전함에 대해 질문하고 보완해가고 싶습니다.

우리의 삶을 이끄는 질문

세풀베다가 꿈꾸는 수평선 너머의 세계는 구체적으로 어떤 곳일까? 그것은 그의 문학 세계 전반을 관리하는 주제, 즉 〈자유〉가 거대한 물길처럼 흐르는 세계가 아닐까. 〈자유〉란 〈최고의 가치〉인 동시에 〈가장 순수하고 이상적인 것〉이고, 〈그런 자유를 얻기 위해 투쟁할 수 있을 때 비로소 우리 인간은 자유로워질 수〉 있기 때문이다. (…)

"내 경우엔 내가 자유로운 인간이라는 점을 잊지 않기 위해 투쟁하는 거요."

― 루이스 세풀베다, 『바다를 말하는 하얀 고래』, 134~135쪽, 열린책들

소설을 쓴 칠레 작가 루이스 세풀베다는 자신의 글쓰기가 '자유'를 위한 투쟁이라고 말합니다. 그는 자유를 위해 노력할 때야말로 우리가 진짜 자유로워질 수 있다고 말합니다. "어떻게 자유로운 인간일 수 있는가"라는 질문은, 이처럼 고래와 바다의 시선을 담은 아름다운 소설을 쓰게 했고, 그가 세상을 떠난 후에도 우리에게 질문을 던지고 있습니다.

소설가가 아닌 우리에게도 삶을 이끌어갈 질문은 더없이 중요합니다. 세풀베다에게 "어떻게 자유로운 인간일 수 있는가"라는 질문이 있었듯이, 여러분의 삶의 질문은 무엇인가요? 소설을 읽고, 내 삶을 이끄는 질문이 무엇이면 좋겠는지 깊이 생각해 봅시다.

강래은 (15세)

제 삶을 이끌어주는 질문은 "자유란 무엇일까"입니다. 책을 읽고 자유가 무엇인지에 대해 다시 생각할 수 있었습니다. 고래들은 자신이 원하는 대로 움직이고 생활합니다. 제가 보기엔 고래들이

자유롭다고 생각하는데, 고래들은 자신이 자유롭지 않고 정해진 대로 살아간다고 생각할 수도 있습니다. 그래서 자유가 어렵다고 느꼈습니다.

학교에서도 자유에 관해 얘기하고 관련된 책을 읽는데요. 사실 평소에도 자유의 정의가 명확하지 않다고 생각합니다. 어떤 사람은 다른 사람에게 억압받지 않고 내가 원하는 대로만 하는 것이라고 하고, 다른 사람은 걱정 없이 그냥 살아가는 게 자유라고 합니다.

그래서 아직 자유를 정의 내릴 수 없다고 생각하고, 그게 제 삶을 이끄는 질문이 된 것 같습니다. 제가 좋아하는 음악을 하고 싶으면 자유가 있어야 할 수 있는 거고, 하기 싫은 일을 하거나 양심에 찔리는 일을 하는 것은 자유가 아니라고 생각합니다.

자유란 무엇일지 스스로 생각하다 보면 그 답을 찾기 위해 노력하게 될 것입니다. 그러다 보면 자연스럽게 제가 삶을 사는 이유가 될 것 같습니다. 그래서 제 삶을 이끌어주는 질문은 "자유란 무엇일까"입니다.

박세빈 (14세)
제 삶을 이끌어갈 질문은 "내가 지금 정말로 하고 싶은 것은 무엇인가"입니다. 제가 정말 하고 싶은 일을 하도록 만드는 질문이기 때문입니다. 만약 학교에서 쓰레기가 눈에 띈다면 지금 말한 질문을 사용하게 됩니다. "내가 지금 정말 하고 싶은 것은 무엇인가?" 가끔은 그냥 쓰레기를 지나칠 때도 있습니다. 너무 멀리 있거나 몸이 지친 상태일 때 말이죠. 하지만 반대인 경우에 저는 쓰레기를 줍고 싶게 됩니다.

이런 식으로 저는 매 순간 질문을 이용할 수 있습니다. 또 이 질문에는 진정한 자유에 대한 질문도 들어 있다고 생각합니다. 제가 제 행동을 선택할 수 있기 때문입니다. 이런 질문을 갖고 살아간다면 삶을 자유롭게 이끌어갈 수 있을 것입니다.

노서연 (14세)

제 삶의 질문은 "진정한 행복은 무엇인가"입니다. 이 질문은 제 삶의 방향을 잡아주는 중요한 나침반 역할을 합니다. 진정한 행복은 외부 환경이나 다른 사람의 기대에 좌우되지 않습니다. 오히려 제 안에서 비롯합니다. 제가 진정으로 원하는 것과 소중히 여기는 가치를 이해하는 과정에서 행복의 본질이 드러나게 됩니다.

이 질문을 통해 저는 제 감정, 생각 그리고 경험을 더 깊이 들여다보게 됩니다. 우리는 흔히 사회가 정해 놓은 행복의 기준에 맞춰 살아가곤 합니다. 하지만 이 질문은 그런 기준을 다시 한번 생각해보게 만듭니다. 우리가 느낀 행복은 다른 사람과 비교해서 나오는 것이 아니라 우리의 삶 속에서 비롯한다는 걸 깨닫는 것입니다. 예를 들어 자기가 좋아하는 일을 할 때 우리는 행복을 느낄 수 있습니다.

또 이 질문은 저에게 끊임없이 자기 성찰을 요구합니다. 살아가면서 가치관과 행복의 정의는 변할 수 있기 때문입니다.

김도윤 (14세)

저는 "작은 선택으로 내 삶이 더 나은 방향으로 달라질 수 있을까"라는 질문이 떠올랐습니다. 삶은 매일 우리가 내리는 작은 선택들이 모인 결과라는 생각이 듭니다. 오늘의 나는 어제의 나의 작은 선택으로 만들어졌고, 내일의 나는 오늘 어떤 선택을 하느냐에 따라 달라진다고 생각합니다. 그 작은 선택은 무엇이든 될 수 있습니다. 아침에 일어나 침대를 정돈하는 것일 수도 있고, 한 모금의 물을 더 마시는 아주 사소한 일일 수도 있다고 생각합니다. 저는 이런 작은 선택이 쌓이며 작은 변화가 만들어지고 그 작은 변화가 모여 삶의 방향을 바꿀 수 있다고 생각합니다.

🔍 함께 읽어볼 책

- 『바다를 말하는 하얀 고래』 루이스 세풀베다 지음, 엄지영 옮김, 열린책들, 2024
- 『쓰나미의 아이들』 모리 겐 지음, 이선미 옮김, 바다출판사, 2012
- 『시적 정의』 마사 C. 누스바움 지음, 박용준 옮김, 궁리, 2024

너의 이야기를
발명하라—3

철학

윌 버킹엄(Will Buckingham)
영국 작가/철학자, 『타인이라는 가능성』 저자

우리는 어떻게 타인과 함께 살아갈 것인가?

· 윌 버킹엄

『타인이라는 가능성』은 저의 오랜 연인이었던 엘리 커크의 죽음 이후에 제가 느꼈던 깊은 슬픔에서 시작한 책입니다. 박물관학 박사였던 그녀는 박물관에 처음 온 네다섯 살 아이들에게 카메라를 쥐어주며 전시된 작품들을 찍는 방법을 알려줄 때 제일 큰 기쁨을 느끼는 사람이었지요. 이런 엘리를 떠나보내고 크나큰 슬픔의 그림자 속에서 어떻게 제가 다시 문을 열고 타인과의 삶을 시작할 수 있었는지에 대해 글로 쓴 것이 이 책입니다.

그래서 이 책은 지극히 개인적인 이야기이지만, 동시에 타인과의 관계 맺음이 슬픔과 비통함에 대한 강력한 응답이 될 수 있다는 정치적이고 철학적인 이야기이기도 합니다. 그렇다고 저의 이야기가 치료약은 아닙니다. 슬픔에는 치료약이 없을지도 모릅니다. 혹은 치료약이 필요한 것이 아닐지도 모릅니다. 슬픔에 정확하게 응답하는 것이야말로 유일한 방법일 것이라 생각하기 때문입니다. 그리고 그 응답의 길 위에서 우리가 맞닥뜨리게 되는 것이 바로 타인이라는 존재입니다.

『타인이라는 가능성』은 제목이 말해주듯, 타인에 대한 책입니다. 저는 이 책을 쓰면서 타인과 관계를 맺는 것이 어떻게 새로운 가능성을 열고 우리를 새로운 미래로 데려가는지 말하고 싶었습니다. 철학자 에마뉘엘 레비나스가 말했듯 우리에게 타인은 나 혼자서는 결코 기대하거나 만들 수 없는 예기치 않은 세계로 나를 이끌기 때문입니다.

타인에 대해 생각해야 하는 이유는 많습니다. 지난 몇 년 동안 우리는 코로나19로 개인적으로 또 집단적으로 거대한 상실을 겪었지요. 기후위기, 정치적 불안정, 전쟁과 분쟁 등 우리가 직면한 다른 비극은 물론이거니와 타인과의 관계를 생각하기에 더없이 좋은 시기였습니다. 물론 꼭 전염병이 아니더라도 우리는 80억 인구와 함께 더불어 세상에 살아가고 있죠. 그중에 우리는 150명에서 200명 정도만 직접 만나고 교류할 수 있다고 본다면, 세상의 거의 모든 사람은 내가 모르는 타인입니다. 따라서 타인을 어떻게 대할 것이냐 하는 문제는 아주 근본적인 인간의 문제라고 할 수 있습니다.

제노포비아에서 필로제니아로

타인과 더불어 살아갈 수 있는 가능성을 모색하기 위해서 먼저 타인의 고통을 이해하는 데 방해가 되는 편견에 대해 이야기하고 싶습니다. 타인에 대해 우리가 흔히 갖는 첫 번째 편견은 대개의 사람들이 타인을 떠올릴 때 가장 먼저 두려움을 느낀다고 생각하는 것입니다. 영어로는 제노포비아(Xenophobia)라고도 하지요. '타인에 대한 두려움(공포)'이라는 뜻의 그리스어에서 온 단어입니다. 타인과의 관계가 두려움에 기반한다는 것은 물론 사실입니다.

하지만 이것은 인간만의 특성이 아닙니다. 동물들도 그러하지요. 또한 어른들도 타인에 대한 두려움을 갖지만, 갓난아기도 낯선 이에 대한 두려움을 갖습니다. 그런데 제노포비아는 여기서 나아가 낯선 타인에 대해 혐오하고 심지어 폭력을 가하는 것을 뜻합니다. 여기서 말하는 폭력이란 물리적인 가해뿐만 아니라 혐오발언이나 위협적인 행동까지 포함하는 의미입니다. 나아가 타인의 존재를 불편해하고, 어색해하고, 관계 맺기를 거부하고, 문을 걸어 잠그는 행위 또한 비슷한 맥락의 행동이라고 할 수 있지요.

인간의 역사에서 이러한 제노포비아가 영원히 사라지지 않을지도 모르겠지만, 타인에 대해서 우리는 공포의 감정만 갖는 것은 아닙니다. 우리는 동시에 강렬하게 또 깊이 타인에 대한 호기심도 갖고 있습니다. 그리스어로 이를 필로제니아(Philoxenia)라고 하는데, 타인에게 연결되고자 하는 마음, 새로운 사람을 만나고 싶어하는 의지, 마음의 문을 열고자 하는 태도를 뜻합니다. 타인에 대한 사랑이나 우정이라고 할 수 있지요.

필로제니아는 제노포비아만큼 인간의 근원적인 본성입니다. 우리는 타인에 대해 무조건 경계하지도 않으며, 무조건 개방하지도 않습니다. 두 개가 혼합된 형태이지요. 호기심과 공포가 밀고 당기는 형태입니다. 저는 『타인이라는 가능성』에서 슬픔이 가득한 시간이란 타인에 대한 공포를 잠시 물러나게 하고, 다른 사람에게 마음의 문을 여는, 즉 필로제니아에 훨씬 더 많은 공간을 내어주어야만 하는 순간이라는 것을 말하고 싶었습니다.

두 번째 우리가 타인에 대해 잘못 알고 있는 사실은 다른 사람과의 관계에 문제가 생겼을 때, 말로 해결할 수 있다고 생각하는 것입니다. 다른 사람과 대화하는 기법과 기술에 대한 책이나 글이 정말 많습니다. 우리는 그것을 많이 따르지요. 실제로 효과도 있습니다. 하지만 그것이 전부는 아닙니다. 타인은 단순히 나의 대화 상대가 아니며, 그 이상의 존재들이에요. 그들은 나와 세계를 공유하는 사람들입니다. 대화가 아니어도 타인과 이어지는 길은 너무나 많아요. 요리를 해줄 수도 있고, 함께 먹을 수도 있고, 쇼핑몰 들어갈 때 문을 잡아줄 수도 있고, 미소를 지어줄 수도 있고, 잠을 함께 자거나 노래를 함께 부를 수도 있고, 춤을 함께 추고, 길을 가다 눈이 마주칠 수도 있습니다. 우리는 말뿐만 아니라 상대에게 공간을 내어주고, 필요한 것을 제공하며 살아가고 있습니다. 그리고 이것이 타인과의 관계를 맺어주거나 개선시켜주는 최상의 방법이라는 것을 깨달을 수 있었습니다.

세 번째로 우리가 타인에 대해 오해하고 있는 점은 모두가 친구라고 생각하는 부분입니다. 영어 표현으로 "낯선 이는 아직 만나지 못한 친구다"라는 말이 있는데요. 어떤 특정한 경우에 이 말은 사실입니다. 하지만 보편적인 진실은 아니에요. 타인은 내가 만난 적 없는, 때로는 성가시고 짜증나게 하는 존재, 심지어 적일 수도 있습니다. 모두와 친구가 되려고 하지 않아도 된다는 것이 핵심입니다. 우리에게 그럴만한 능력이 없어요. 오히려 나와 다른 사람과 함께 살아갈 전략이 필요하다는 것을 깨닫는 게 중요합니다.

다시 처음 말씀드렸던 슬픔으로 돌아와서 생각해봅시다. 때론 우리 앞에 놓인 어려움이 도저히 감당할 수 없는 것처럼 느껴질 때가 있습니다. 미래로 어떻게 나아가야 할지 감조차 잡히지 않는 순간 말이지요. 미래에 대한 확신이 서지 않는 시기는 우리가 슬픔에 굴복했다는 신호입니다.

　오늘날과 같이 낯선 존재들과 관계를 맺는 방법이 절실하고 긴급하게 필요했던 적이 있을까요? 물론 이것은 쉽지 않은 일이 분명합니다. 그럼에도 우리는 혐오, 공포, 두려움, 호기심 등 혼란스러운 감정과 마주해야 합니다. 단순히 대화하는 것을 넘어서 낯선 사람들과 겪을 수 있는 모든 경우의 상황과 예상치 못한 질문을 끌어안으며 살아갈 방법을 강구해야 합니다. 기쁨과 행복을 찾아서 열심히 움직이세요. 공동체란 무엇인지 끊임없이 생각하고 부딪혀야 합니다. 우리는 모두 다른 존재고, 그래서 더욱 다양한 가능성이 우리를 기다리고 있으니까요.

타인의 고통을 이해한다는 것

　살아가면서 나도 모르는 사이에 타인에게 상처를 줄 수도 있고, 잘 알고 있는 사람으로부터 상처를 받을 수도 있습니다. 하지만 그마저도 우리의 인생에서는 중요한 과정이지요. 상처를 주거나 받는 일을 극복하는 하나의 방법이 있다면 바로 스스로 성장하는 겁니다. 성장을 위한 노력은 어떻게 할 수 있을까요? 내가 화낼 공간, 나만의 시간, 그들과 관계로부터 한 발짝 떨어지는 시도를 해보는 것도 상처를 극복하는 데 도움이 될 수 있지요. 인간은 연약하고, 언제든 상처받을 수 있습니다. 하지만 동시에 인간은 사회적 동물이기 때문에 사회적 관계와 신뢰 속에서 관계 맺는 방법이 중요합니다. 이때 제일 중요한 것은 우리는 모두 상처를 입을 수 있고 상처를 줄 수 있다는 점을 인정하는 태도입니다. 그리고 서로 도움을 주고받으며 상처를 어루만져주는 공동체적 노력 또한 상처를 치유하는 데 도움이 될 수 있지요.

타인과의 관계에서 아마도 가장 어려운 것은 타인의 고통을 이해하고 반응하는 것입니다. 물론 이것 또한 노력의 길이 있습니다. 첫 번째 단계는 인정입니다. 서로 어떤 문제가 있고 왜 슬픈지를 알아가는 인식의 과정이 필요합니다. 개인적인 관계를 맺고 있을 때 가장 실천하기 좋은 방법 중 하나는 그들이 무엇을 필요로 하는지 솔직하게 물어보는 겁니다. 무엇이 가장 필요한지 물어보는 대화를 통해 답을 듣는 그 행위 자체가 어떤 면에서는 가장 강력한 고통의 인식과 인정을 위한 방법일지도 모르겠습니다.

이런 경험을 한 적이 있어요. 암투병을 하고 있던 엘리를 병간호하는 과정에서 제가 너무 힘들어서 집에 와서 잠시 쉬려고 했는데, 한 친구가 자신이 직접 만든 볶음밥을 작은 종이가방에 넣어 '네가 혹시라도 요리할 힘이 없을까봐 두고 가'라는 메모와 함께 저의 집에 두고 간 적이 있었습니다. 저는 그 메모를 보면서 친구의 친절

함에 눈물을 흘렸는데요. 그 친구가 정말 필요한 도움을 주었다고 생각합니다. 위로와 응원의 말보다 그 행동 하나가 저를 울린 것이죠. 그리고 그 볶음밥 위에 있던 작은 메모가 저에게 아주 큰 힘이 되었던 경험이 있습니다.

친구들이 날 좋아할까, 싫어하면 어쩌나, 바보같이 보이면 어떡하나 하는 걱정들은 누구나 할 수 있습니다. 그런데 '과연 사람들이 나를 좋아할까'라는 질문은 좋은 질문이 아닙니다. 그런 질문들은 무시하는 게 더 나을 수도 있습니다. 나를 좋아하거나 싫어하는 대상으로 두려고 하지 말고, 사람들이 나를 신뢰하도록 하는 노력을 해보면 어떨까요? 다른 사람을 신뢰하는 것도 중요하지만, 그들에게 신뢰를 주는 사람인가를 스스로 물어보는 게 친구를 만들고 그들에게 다가갈 때 훨씬 좋은 방법이라고 생각합니다. 호불호의 감정은 일시적일 수 있지만, 믿음의 인식은 훨씬 더 장기적으로 우리의 관계를 이어나가는 데 도움을 주니까요. 그러니 '나는 신뢰할 만한 사람인가'라는 질문을 자주 하고 그런 사람이 되고자 노력하면 상대방도 '이 사람은 믿고 신뢰할 수 있는 사람이야'라고 생각하며, 어느 순간 '나는 이 사람을 좋아해'라는 반응으로 이어지는 경험들을 할 수 있을 거라고 생각합니다.

이야기를 통해 열리는 새로운 세계

우리가 만날 수 있는 타인은 한정적입니다. 지구 반대편에 있거나 다른 시대를 살았던 사람들을 완벽히 이해하기란 불가능에 가깝지요. 그렇다면 어떤 방법이 있을까요?

하나의 이야기로 시작해보면 어떨까요? 한 무리의 난민들이 작은 보트에 모여 있습니다. 그들은 육지에서 멀리 떨어져 있으며, 보트는 작고 위태로워 보입니다. 그러나 그들에게 주어진 것은 이것뿐이며, 그들이 허락받은 것도 이것뿐입니다. 그들은 어떤 식으로든 미래를 찾기 위해 바다로 나섰습니다. 여정 중간에 배의 엔진은 꺼지고, 빨리 끝나기를 바랐던 여행은 이제 바다 한가운데서 멈추게 됩니다. 바람과 파도 때문에 보트는 달빛 아래서 회전을 하고, 그들은 이 이상한 경계 상태에 갇혀, 밤하늘의 광대함 아래에서 다시 육지를 볼 수 있을지 없을지 알지 못하는 상태에 빠지게 됩니다. 그러한 순간에 이르러 승객들은 서로를 소개하고, 자신들이 가져온 음식을 나누며, 어떻게 이 보트에 오게 되었는지 이야기를 나누기 시작합니다. 밤은 차갑고 바람은 매서우며, 미래는 불확실하기 때문에, 그들은 서로에 대한 배려와 관심, 그리고 그들이 가지고 있는 이야기와 경험에 의지하여 안식을 찾습니다. 그러던 중 한 승객, 라미라는 소년이 바이올린을 꺼내듭니다. 그리고 길고 긴 밤, 깊고 깊은 어둠 속에서, 그는 연주를 시작하고 노래를 부르기 시작합니다.

이 이야기는 길 르위스의 책 『바람의 노래를 기억할게』에서 시작 부분에 나오는 내용입니다. 이 책은 놀랍고, 아름다우면서도 뭔가 불편한 느낌을 줍니다. 이 책은 불안정한 세상을 살아가는 이들을 위한 책이라고 할 수 있습니다. 이 책을 읽으면서 우리는 이것이 이야기라는 것을 알지만, 동시에 세상 어딘가에서 이와 매우 유사한 일이 일어난다는 것도 알고 있습니다. 우리와 비슷한 사람들이—그들만의 역사, 그들만의 이야기, 그들에게 우리 삶만큼이나 중요한 그들만의 삶을 가진 사람들—이동하고, 국경을 넘고, 안전을 찾고 있으며, 그 과정에서 이야기들을 나누고, 생존의 투쟁 속에서 그들이 얻을 수 있는 위안을 찾고 있습니다.

    길 르위스의 책이 들려주는 이야기는 이중적입니다. 바깥의 이야기는 바다 한가운데서 서로 밀착된 채 놓여 있는 낯선 사람들의 이야기입니다. 이들은 "서로 묶여 시간과 공간을 떠다니며, 다른 세상의 안전한 항구를 약속하는" 사람들이지요. 이들의 이야기는 수많은 불확실성으로 가득하며, 모든 것이 일종의 중간 상태에서 흩어집니다. 이는 과거와 미래, 빛과 어둠, 희망과 두려움, 하늘과 바다, 해변과 해변 사이에 놓인 사람들의 이야기이기 때문에 그럴 겁니다. 이는 그러한 상황에 처한 사람들의 수만큼이나 애매함과 망설임으로 가득한 이야기입니다.

    두 번째 이야기는 라미가 들려주는 이야기로 가장 깊숙이 자리한 안쪽의 이야기입니다. 바깥의 이야기와 비교했을 때, 이 이야기는 단순한 사건처럼 보일 수 있지만, 사실은 그렇지 않지요. 그것은 몽골의 한 소년과 말에 관한 이야기입니다. 그것은 민속 이야기이며, 모든 민속 이야기와 마찬가지로, 우리가 사는 세상에 관한 이야기는 아닙니다. 대신 이 세상의 복잡성 일부가 걸러져 마치 눈앞의 세계를 더 명확히 볼 수 있을 것 같은 느낌을 줍니다. 라미가 들려주는 이야기는 말 그대로 흑백으로 구성된 이야기입니다. 한쪽에는 고결함과 선함, 미덕과 아름다움을 모두 담고 있는 것처럼 보이는 흰색의 종마가 있고, 다른 한쪽에는 끝없는 잔인함을 가진 검은 군주가 있습니다. 많은 이야기들이 그러하듯, 이 이야기도 부분적으로는 세상에 대한 생각 실험입니다. 그것은 세상에 대한, 또는 가능한 세상에 대한 가설이라고 할 수 있습니다.

길 르위스의 책을 읽는 여느 독자도 그렇겠지만 이 이중적인 이야기는 저에게 여러 가지 질문을 던졌습니다. 이 두 이야기는 어떻게 연관되는가? 왜 여기, 바다 한가운데서 라미는 이 특정 이야기를 하는가? 왜 동료 여행자들은 그의 이야기를 듣는가? 왜 그들은 그에게 조용히 하라고 말하지 않고, 주제를 바꾸라고도 말하지 않는가? 라미의 이야기가 이 난민들에게 무엇을 전하고 있는가? 길 르위스의 이야기가 우리에게 무엇을 말하고 있는가? 그것은 무엇을 증언하고 있는가?

하지만 여기에 세 번째 이야기 층이 있다는 것을 말하고 싶습니다. 그것은 책의 페이지를 넘어서는 이야기로 책 외부에 존재하며 책과 끊임없이 대화하는 이야기입니다. 이 세 번째 이야기는 우리, 즉 길 르위스의 이야기를 읽으려고 특정 시간에 특정 장소에서 앉아 있는 독자들의 이야기입니다. 이 이야기는 문학적 산물이 아니라, 우리와 같은 삶을 살고 있는 사람들의 경험과 희망, 포부와 어려움, 기쁨과 슬픔을 통해 전해지는 이야기입니다. 이 지점에서 저는 이탈로 칼비노의 『어느 겨울밤 한 여행자가』의 서문을 떠올립니다. 칼비노는 말합니다.

"당신은 지금 이탈로 칼비노의 새 소설 『어느 겨울밤 한 여행자가』를 읽을 참이다. 긴장을 풀라. 주의를 집중하라. 다른 생각은 모두 떨쳐버려라. 당신을 둘러싼 세상이 흐릿해지도록 내버려두라."

우리 각자에게 이 세 번째 이야기는 다르게 다가올 것입니다. 저 같은 경우, 고향인 스코틀랜드의 던디에서 런던으로 가는 비행기에서 이 책을 처음 읽었습니다. 저는 비행기 창가에 이마를 대고, 프로펠러가 공기를 가르는 것을 보며 이 책을 읽었습니다. 저는 어느 정도 이방인처럼 오랫만에 고향을 방문했지요. 영국 출신이지만 대만에 살고 있으니까요. 그 이유는 개인적·철학적·정치적·경제적으로 복잡하게 얽혀 있습니다. 그래서 길 르위스의 책을 읽으면서 저는 제 자신이 느끼는 고향과 나름의 이질감 혹은 소외감, 그리고 이 지구를 떠도는 내 자신의 불안정함과 정처없이 떠도는 삶의 양식에 대해 생각했지요.

우리가 길 르위스의 이야기 속으로 자신을 던질 때, 무엇을 발견하게 될까요? 이 이야기가 우리에게 말해주는 것은 무엇인가요? 이 질문에 답하기 위해 철학자 에마뉘엘 레비나스의 도움을 빌려볼 수 있을 것입니다. 그는 '말하기'와 '말해진 것' 또는 보다 철학적인 용어로 표현하자면, '증언'과 '정보'를 구분했습니다. 이야기는 정보로 가득합니다. 그것들은 우리에게 많은 것을 말해줍니다.

이것이 우리가 이야기에 주의를 기울이고, 관심을 가지는 이유 중 하나입니다. 이야기가 존재하는 한, 그것들은 정보를 전달하는 방법이 됩니다. 그것이 우리가 친구들, 가족, 동료들, 이웃들에 대해 이야기를 하고, 집에서, 직장에서, 아파트 복도에서, 도심에서, 또는 옆 마을에서, 또는 권력자들이 모인 장소에서 무슨 일이 일어나고 있는지 사람들에게 알리는 이유입니다. 그러나 이야기 속의 정보는 복잡한 것이며, 우리가 완전히 장악할 수 있는 것이 아닙니다. 이야기를 할 때 정보는 우리가 원하든 원치 않든 항상 증언에 가까운 것으로 미끄러집니다.

증언이란 무엇인가요? 여기서 우리는 어려움에 직면합니다. 말해진 것 없이 말하기에 대해 이야기할 수 있을까요? 정보를 전달하는 것 없이 증언에 대해 이야기할 수 있을까요? 그래서 증언에 대해 이야기하는 것이 중요한 것 같을 때조차, 저는 여전히 충분히 보지 못하고 충분히 다다를 수 없는 것을 향해 자신을 붙잡고 있는 것처럼 느낍니다. 하지만 증언은 우리가 무엇을 말하는지, 왜 말하는지 확실치 않더라도 말할 필요가 있는 그 무언가를 뜻합니다. 또는 말할 때 우리의 의미가 의도한 것보다 넘치거나 모자라서, 너무 많이 말했고 동시에 충분히 말하지 못했다는 느낌을 남기는 방식도 이에 해당하지요. 그것은 인간의 언어가 단지 정보를 전달하는 수단이 아니라, 인간 공동체가 지속적으로 형성되는 과정을 엿보는 방식이기도 합니다.

그렇기 때문에 아마도 좋은 이야기꾼이 되기 위해서는 우리가 전달하는 정보에 대한 장악력을 조금 포기하고, 우리의 이야기가 증언할 수 있도록 해야 하는 것이지요. 좋은 이야기를 하려면 근본적으로 개방성이 필요하며, 이는 세상에 대한 정보나 삶의 지침을 전달하는 것과는 매우 다릅니다. 이 때문에 이야기는 도덕주의자들이 바라는 것보다 훨씬 더 무질서합니다. 이야기를 시작하면 그것들은 다른 이야기들과 얽히기 시작하며, 서로 얽히거나 거울의 전당처럼 자기 스스로를 둥지에 깃들이며, 또는 아직 상상하지 못한 더 많은 이야기를 낳습니다.

산스크리트 이야기를 연구하는 학자인 웬디 도니거가 말했듯이, 이야기는 "물고기들이 계속 뛰어나오는 강"과 같습니다. 그래서 도덕주의자들은 이야기 끝에 항상 "그리고 교훈은…"이라는 문장을 붙이려 합니다. 왜냐하면 독자가 자기 자신의 무질서하고 복잡한 이야기들 속에 얽혀 있어 잘못된 교훈을 추출할 수 있는 가능성이 있기 때문입니다. 그러면 우리는 어디에 서야 할까요?

바다 한가운데 놓인 이야기

이야기는 우리를 혼란스럽고 어지러운 현실에서 도덕적 확신의 마른 땅으로 실어 나를 수 있는 배가 아닙니다. 그리고 이것은 분명히 길 르위스의 이야기에서도 사실입니다. 왜냐하면 그녀의 책이 끝날 즈음에 이르러서도 아무것도 변하지 않은 것처럼 보이기 때문입니다. 난민들은 여전히 바다 한가운데 있습니다. 외부 엔진은 여전히 고장 났으며, 죽음의 위협은 여전히 존재하고 있지요.

우리는 이 연약한 보트에서 난민들과 함께 이야기를 시작하며, 그들이 살아남기를 강력히 희망했습니다. 라미가 소중히 여기는 바이올린에 담긴 이야기를 보트 위 동료들에게 들려줄 때, 우리 역시 함께 라미가 들려주는 몽골의 이야기, 수크와 백마가 있는 세계로 여행을 떠났습니다. 그러나 결국 라미의 음악이 멈추자, 우리는 우리가 처음 시작했던 바로 그 보트에 다시 회귀했다는 것을 깨닫게 됩니다. 이 지점이 바로 길 르위스의 이야기가 강력한 이유입니다.

책을 다 읽고 난 후에도, 이 이야기는 계속해서 제 마음속을 괴롭히고, 파도의 간조와 만조처럼, 여행자들의 보트를 휘감는 바람처럼 저를 끌어당겼습니다. 그리고 중요한 사실은 이 여정의 끝에서 우리는 처음 시작했던 곳으로 돌아온 것처럼 보이지만, 그렇지 않다는 사실입니다. 무언가가 일어났습니다. 무언가가 변했습니다. 무언가가 발생했습니다. 이야기의 본질이 무엇이겠습니까? 무언가가 일어나는 것입니다. 이야기는 일종의 통로이지만, 도덕적 확신의 마른 땅으로 가는 통로가 아닙니다. 백마와 어둠의 군주들로 가득한 이 세상이 단순하고 선명한 곳이라는 희망을 지나는 통로일 뿐입니다. 대신 우리는 한 가지 불확실성에서 또 다른 새로운 불확실성으로 여행했습니다. 그리고 우리의 이야기를 포함한 모든 이야기가 그렇듯 이야기는 중간에서 끝납니다.

마지막 페이지에 당도해서도 우리는 여전히 바다 한가운데 있습니다. 하지만 우리는 또한 우리가 시작한 곳과는 매우 다른 곳에 있습니다. 왜냐하면 세상에서 반복되는 것은 아무것도 없기 때문입니다. 정확히는 아닙니다. 그리고 이것이 바로 우리의 처지가 어떠한지, 우리가 어디에 있는지를 엿보게 해줍니다. 우리는 이해할 수도 통제할 수도 없는 힘에 의해 던져진 작은 보트에 있으며, 확신에서 멀리 떨어져 있습니다. 우리는 여전히, 언제나 그랬듯이, "작은 보트에 / 작은 희망과 함께 / 상승하는 바람 속에서 / 상승하는 바다 위에" 있습니다.

이 "작은 희망"이라는 개념으로 마무리하고 싶습니다. 작은 희망이 약하고, 어딘가 모자라다고 느껴질 수 있습니다. 우리는 스스로에게 물을 수 있습니다. 이것이 우리가 가진 전부인가? 아마도 그렇습니다. 하지만 작은 희망을 무시해서는 안 됩니다. 이 희망이 작기 때문에 어둠, 바람, 파도를 극복하지 못할 수도 있습니다. 그것은 어떤 보증도, 안전한 항구도 약속하지 않습니다. 그러나 이 작은 희망, 우리의 이야기와 노래, 공동체와 함께함으로써 유지되는 이 희망은 다른 무언가를 증언합니다. 바로 여기, 이 끝없이 소용돌이치는 바다에서, 한 불확실성에서 다른 불확실성으로의 여정에서, 우리가 집을 찾을 가능성이 있다는 것을 말입니다. 타자와 함께 살아가는데 있어 이야기야말로 우리를 함께 더불어 살게 해 주는 둥지입니다. 이야기를 나누는 것은 작은 희망을 나누는 것과 같으니까요.

우리에겐 논쟁이 필요하다

"세상은 사람들이 어떻게 보느냐에 따라 변하므로, 개인이나 사람들이 현실을 보는 방식을 단 일 밀리미터라도 바꿀 수 있다면 세상도 바꿀 수 있다."
- 제임스 볼드윈, 《뉴욕타임스》 (1979)

철학자 메리 미즐리는 철학의 의미를 이렇게 설명합니다. "지극히 따분한 특성에도 불구하고 사치재가 아니라 필수재다. 상황이 어려워질 때마다 사용해야 하기 때문이다." 우리는 철학의 도구들을 사용해서 우리 앞에 펼쳐진 상황들을 떠받치고 연결하는 이데

올로기를 드러내고 직시할 수 있습니다. 그렇기에 사회적 문제와 세계의 양상을 연구하기 위해서는 먼저 우리가 생각하고, 말하고, 분류하고, 저항하는 방식의 기본 요소인 단어와 개념을 살펴볼 필요가 있습니다.

『우리에겐 논쟁이 필요하다』의 저자 아리안 샤비시는 소셜 미디어를 통해 정치를 실천하는 사람들이 '정치적 올바름(Political Correctness)'에 초점을 맞추는 경향을 지적합니다. 이러한 추세는 사람들이 스스로 옳은 편에 선 사람이라는 정체성에 집착하느라 사회 정의에 대해 오히려 허술하고 모순적인 방식으로 문제에 접근하게 만드는 역설을 내포하고 있지요. '옳은 것'이 우선시되는 곳에서는 문제를 원점에서부터 해결하는 것보다 남들의 시각을 따르는 편이 대체로 안전하다고 여겨지기 때문입니다.

그래서 우리는 저자의 제안처럼, 언어와 개념에 집중할 필요가 있습니다. 그렇지 않고는 무엇이 옳고 그른지 이유를 설명할 수 없고, 언제 어떻게 오류를 저지르는지 알아차릴 수 없기 때문입니다. 언어는 우리가 관찰한 것을 이해하고 여러 범주로 정리하는 데 도움을 주는 도구입니다. "세계의 숨겨진 궁극적 진실은 세계는 우리가 만드는 것이고 바로 그렇기 때문에 다르게 만들기도 쉽다는 것입니다"라는 인류학자 데이비드 그레이버의 말처럼 우리 앞에 놓인 세상에 대해 사유하고, 앞으로 어떻게 타인과 힘을 합쳐 새로운 세상을 만들지 상상해야 하는 의무가 우리 앞에 놓여 있다고 말할 수 있겠습니다. 우리는 마음만 먹으면 단어와 개념이 세상에 미치는 영향을 지금까지와는 다른 방향으로 바꿀 수 있는 능력이 있습니다. 이를 위해 우리에게 필요한 논쟁의 기술은 무엇일까요?

타인에 대한 고정관념에 저항한다는 것의 의미
조예린(17세)

정치적 올바름은 이전에는 정당이나 집단의 노선을 맹목적으로 따르는 사람들을 비난하는 말이었지만, 1970년대에 들어서면서 페미니스트들과 좌파들이 이 용어를 반어적으로 사용하기 시작했습니다. 워키즘(wokeism)은 깨어 있는 사람을 가리키는 말로, 정치적 올바름과 동의어로 쓰입니다. 즉 사회적인 의미에서 볼 때 깨어 있는 사람을 뜻하지만 동시에 반어적으로 깨어 있다는 사실 자체에 맹목적으로 함몰된 경우를 지적하는 용어가 되기도 한다는 것입니다. 영국의 경우 정치적 올바름의 범위가 지나치게 확장되어 아무런 관련이 없는 부분에도 때로는 영향을 주는가 하면, 영어권 국가들에서 정치적 올바름은 보수주의적 가치에 대해 가하는 사회적 규제 혹은 문화적 제동을 일컫는 말이 되었습니다.

우리가 흔히 복격하는 노력석 공황 상태를 초래하는 가장 일반

적 주제와 대상으로 이슬람이 지목되는 경우가 많습니다. 무슬림을 서양인의 안전을 위협하는 존재로 여긴다든지, 이들을 공개적으로 비판하는 행위를 하더라도 인종차별로 간주되지 않는다는 견해를 주장한다든지, 때로는 상식에 어긋나 보이는 이런 입장을 공개적으로 밝히는 이들을 볼 수 있습니다. 이런 경우 표현의 자유는 행사하는 사람 혹은 행사하는 대상에 따라 다른 정도와 강도로 행사될 수 있고, 자유는 무제한적인 것이 아니며 공평하게 분배되지도 않기 때문에 실은 무조건적으로 옹호될 수 있는 것은 아닙니다.

앞서 언급했듯이 무언가를 공개적으로 말하는 것은 표현하는 것이고 행동하는 것과 같습니다. 페미니스트 법학자 캐서린 매키넌은 "말은 행위하고, 행위는 말한다"라고 말한 바 있습니다. 억압적 발화의 경우 해로운 고정관념을 야기하는 경우가 많지요. 그런데 많은 이들이 고정관념을 믿어버리고 낙담하거나 체념하면서 거짓들이 진실이 되어버리는 경우가 발생하는데, 이를 "고정관념 위험"이라고 부릅니다. 즉 정치적 올바름은 고정관념에 저항하고 도전하는 경향이 있고, 정치적 올바름을 추구하는 이들은 고정관념의 폐해를 막기 위해 애쓰지요. 이에 반대하는 이들에게는 반대의 이유와 논리가 분명치 않은 경우가 많습니다. 따라서 고정관념 위험에 빠지지 않기 위해 진실을 말하는 행위는 그 자체로 하나의 저항적 행위가 될 수 있는 것입니다.

철학자들은 '용어의 사용'과 '용어의 언급'을 구분합니다. 예를 들어, "인종차별은 해롭다"라고 한다면 이는 용어의 사용에 해당합니다. 하지만 "낱말게임에서 인종차별로 점수를 땄다"라고 한다면 그것은 용어를 언급하는 것이 됩니다. 비방하는 용어를 '언급'하는 것은 용어를 실제로 사용하는 것보다는 유해하지 않습니다. 하지만 차별적이고 모욕적인 용어를 실제로 '사용'하는 것은 유해할 수 있습니다. 따라서 우리가 특정한 용어를 금기어로 지정하고 직접 사용하지 않으려는 노력은 정치적 올바름을 단순한 미덕의 과시로 사용하는 것이 아니라, 용어에 담긴 의미 자체를 거부하는 적극적인 실천이라고 할 수 있습니다.

말뿐인 말, 언어일 뿐인 언어는 없습니다. 언어는 도덕적 풍경 구축에 있어서 필수적인 역할을 합니다. 따라서 특정한 용어들을 결코 사용하지 않으려는 노력은 건강한 사회를 만들기 위한 중요한 노력이자 실천입니다. 정의를 지향하는 문화를 만드는 데 있어서도 우리는 서로 고정 관념에 사로잡힌 용어들의 사용을 자제하거나 혹은 아예 폐기함으로써 사회 정의에 더 가까워질 수 있을 것입니다.

과연 누구의 말을 믿어야 하는가

권준희(16세)

우리는 어떤 사람들은 지나치게 믿으면서 또 어떤 사람들은 좀체 믿지 못하는 태도를 보입니다. 그리고 이 신뢰의 방식은 결코 우연히 정해지는 것이 아니지요. 무엇이 그들을 믿을 만하게 하는 것일까요? 또 믿지 못하게 만드는 것일까요?

타인의 말을 믿고 말고는 그의 '신뢰도'를 어떻게 측정하느냐에 달려 있습니다. 신뢰를 얻으려면 지식이 있어야 하고 믿을 수 있는 사람이어야 합니다. 만약 두 증인이 상반된 진술을 한다면 이때는 그들의 신뢰도를 파악함으로써 둘 중 누구를 믿어야 할지 결정할 수 있습니다. 우리는 과거에 올바르고 정직하다고 입증되었거나, 식견이 높고 진실하다는 인상을 주는 사람들을 신뢰하는 경향이 있습니다. 하지만 어떤 사람이 얼마나 신뢰할 만한지에 대해서는 확실히 알기 어렵습니다. 그래서 우리는 늘 타인이 얼마나 신뢰할 만하게 보이는지 추정하지요. 그러한 평가를 내릴 때 우리는 지름길을 선택하는데, 예를 들면 말벌에 쏘였을 때 무슨 연고를 발라야 하는지 말하는 의사 혹은 약사를 믿는 것과 같은 논리입니다.

1993년 스티븐 로런스라는 흑인이 인종차별 폭력 전과가 있는 백인들에게 폭행을 당하고 사망하는 사건이 있었습니다. 이 사건의 수사과정에서 현장의 유일한 목격자였던 듀웨인 브룩스의 증언은 경찰에게 진지하게 받아들여지지 않았습니다. 가해자들의 인상착의와 행동을 직접 목격한 사람이 브룩스였는데도 경찰은 현장 조사 때 그의 도움을 요청하지 않았던 것입니다. 철학자 미란다 프리커는 듀웨인 브룩스의 사례가 주변화된 집단에 속한 사람들의 신뢰가 곧잘 자동적으로 추락하는 방식을 보여준다고 지적했습니다. 신뢰도를 추정하면서 지름길을 택하는 것은 이해할 만하지만, 문제는 이 손쉬운 방법이 자주 고정관념에 편승한다는 점을 기억해야 합니다.

프리커는 신뢰를 체계적으로 떨어뜨리는 이 특정한 불의를 가리켜 '증언적 불의'라고 부릅니다. 어떤 사람들은 증언을 전달하고도 부당하게 불신당하거나 진지하게 받아들여지지 못하지요. 결과적으로 그들은 자신들이 살아가는 인식 주체들의 공동체에 온전한 구성원으로 편입되기 어려운 것입니다. 듀웨인 브룩스의 사례는 브룩스가 신뢰 결여의 대상이 된 것을 보여줍니다. 실제보다 훨씬 믿을 만하지 않은 사람 취급을 받은 것입니다. 사회적 소수자들은 자주 신뢰 결여의 대상이 되곤 하는데, 철저히 불신 당한다는 것은 지식의 생산과 교환이라는 인간의 핵심 활동에 원활히 참여할 수 없다는 뜻이고, 그런 사람은 점점 더 주변부로 밀려날 수밖에 없습니다.

과거 우생학자들은 여성과 유색인종이 무능하다는 고정관념을 과학적으로 증명하려고 애를 썼습니다. 근거 없는 이 우생학자들의 엉터리 주장은 21세기에 들어 모두 반박되었지만, 사람들의 불신은 아직 남아 있습니다. 유색인종과 여성에 대한 고정관념이 주로 고도의 기술 능력이나 존경받는 역할과 관련되어 있는 것은 결코 우연이 아니지요. 유색인종과 여성의 지능이 떨어진다면 그들이 권력과 영향력을 행사하는 지위에 적합한지는 자동으로 의문시됩니다. 권력을 가장 잘 보호하는 방법은 권력을 위협하는 자가 생물학적으로 권력을 차지하기에 부적합하다고 규정하는 것입니다. 고정관념에서 기인하는 신뢰 결여는 어디서나 볼 수 있습니다. 과학적 논문의 우수성을 가늠할 때도 논문 저자가 남성이라고 하면 더 높은 평가를 받는 경향이 있다는 연구 결과가 있다고 합니다. 같은 맥락에서, 똑같은 이력서도 상단에 올라와 있는 이름이 남성 혹은 백인의 것이면 더 좋은 결과를 얻는 일이 벌어진다는 것입니다.

그것도 모자라 억양도 신뢰를 결정짓는 중대한 역할을 한다고 합니다. 미국인들은 영국식 영어 억양에서는 지적인 느낌을 받지만 라틴계, 미국 중서부, 뉴욕 억양은 지적이지 않다고 느끼지요. 영어가 모국어가 아니어서 외국어 억양이 남아 있는 사람은 사소한 진술에서도 신뢰를 덜 얻는다는 연구 결과도 있습니다. 억양이

강할수록 신뢰 결여가 두드러지는 것입니다. 억양에 대한 편견은 으레 계급주의, 인종차별주의, 혹은 그 둘 다를 나타낸다는 것을 알 수 있습니다.

    태도도 이와 관련이 있습니다. 자신감은 곧잘 신뢰를 대리하는 것으로 여겨집니다. 우리는 자기 확신을 드러내는 사람일수록 신뢰할 수 있다고 생각하는 경향이 있지요. 하지만 자신감에서 신뢰도를 읽어내는 경향은 우려할 만한 문제입니다. 자기 확신이라는 것 또한 심하게 성별화 되어있기 때문입니다. 여성들은 능력이 떨어지는 사람으로 취급당하는 데 익숙하기 때문에 종종 '가면 증후군'과 '자신감 저하'에 시달릴 뿐만 아니라 자신감을 드러내면 사회적 불이익을 받는 경우도 있습니다. 최근의 메타분석은 여성이 자신만만하고 지배적인 행동을 하면 호감을 잃는다는 것을 보여주었습니다. 빅토리아 브레스골이 한 연구에서 피험자들은 발언을 많이 하는 여성 CEO에 대해선 리더로서 적합지 않고 능력이 떨어진다는 평가를 내렸지만 남성 CEO에 대해서는 똑같이 말을 많이 해도 그렇게 평가하지 않았습니다. 반면, 여성 CEO가 말을 많이 하지 않는다는 정보가 주어졌을 때는 능력을 높게 평가했습니다. 이 모든 내용을 고려하건대, 여성은 유능할 수도 있고 호감을 얻을 수도 있지만 동시에 그 둘 다일 수는 없습니다. 여성은 남성보다 능력이 떨어지는 것으로 전제되고, 어쩔 수 없이 여성도 남성만큼

유능하다고 인정해야만 하는 상황에서는 더는 호감을 얻지 못한다는 것을 의미하지요.

위와 같은 이유로 철학자 크리스티 도슨은 주변화된 사람들이 정직의 결과가 본인에게 위험하게 돌아올지 모르기 때문에 침묵을 지키거나 증언을 번복한다고 설명합니다. 억압당하는 집단의 구성원들은 자신의 경험을 왜곡하거나 일부만 말하는 편을 택하기 쉽습니다. 도슨은 이를 '증언적 억압'이라고 부릅니다. 증언적 억압으로 인해 타인과 원활하고 생산적인 대화가 제한되기 때문에 자신에게 필요한 것을 표현하고 충족시킬 수 있는 기회도 그만큼 줄어드는 것이지요. 억압은 개인의 신뢰를 떨어뜨릴 뿐 아니라 안전과 안락이 위협받는 상황에서 정직하게 진술할 수 있는 능력을 박탈하여 더욱더 신뢰할 수 없는 사람으로 만듭니다.

여성은 신뢰가 절실한데도 신뢰받지 못하는 경우가 많고, 남성은 신뢰할 만하지 않은데도 신뢰를 거저 얻는 경우가 많지요. 따라서 증언적 불의에 이의를 제기하려면 우리가 의지하는 고정관념을 무너뜨리고 우리가 신뢰를 배분하는 방식을 근본부터 제대로 돌아봐야 합니다. 무비판적으로 믿어서는 안 됩니다. 나아가, 우리가 이미 무비판적으로 신뢰를 내어주고 있다는 사실을 직시해야 합니다. 누구를 믿어야 하는지에 대해 가랑비에 옷 젖듯 주입당한 견해에서 의식적으로 벗어날 때 우리는 분명히 진실에 좀 더 가까운 쪽으로 나아가게 될 것입니다.

언어 폭력에서 벗어나기 위한 논쟁의 방법
김재영(18세)

> "우리는 솔직히 우리의 공동체를 쪼개고 소수인종과 성소수자를 비하하고 트랜스젠더의 존엄성을 부정하는 데 일찌감치 동의했다는 것을, 우리가 사실상 표현의 자유의 원칙에 의해 망가질 용의가 있다는 것을 인정해야 할 것이다."
> – 주디스 버틀러

많은 사람들은 인권이 보장되는 현실도, 인권을 고려하는 사회적 의식도 발전하고 있으며, 과거에 비해 여성의 권리는 확대되었다고 주장합니다. 예를 들어, 여성들은 이제 직업을 갖고 일을 할 수 있으며, 투표권도 얻었다고 말입니다. 그러나 사회 소수 계층의 인권 전반이 정말로 상승했는지는 의문입니다. 여전히 그들에 대한 편견은 존재하며, 교묘한 방식으로 소수의 사람들을 소외시키고 있지는 않나요? 그렇다면 소수자와 약자에 대한 배려를 강조하는 정치적 올바름이란 과연 혐오 표현과 차별을 줄이기 위한 언어와 행동 규범을 설정하는 데 성공하고 있을까요?

보수주의자들은 응당 정치적 올바름이 표현의 자유를 억압하고 개인의 자율성을 제한한다고 주장합니다. 그들의 눈에는 정치적 올바름을 강조하는 사람들이야말로 지나치게 민감한 사람들로 비춰질 뿐입니다. 때로 그들은 반인종차별 운동과 페미니즘 운동을 주도하는 청년층을 무모하고 철없는 아이들로 깎아내리기도 하고, 유머와 자유를 방해하는 요소일 뿐이라고 비하하기도 합니다. 이것이 과연 민주주의가 소수자를 대하는 옳은 방식일까요?

신체적 고통과 언어적 폭력이 우리에게 가하는 고통은 같은 것이라고 생각합니다. 다만 언어적 폭력은 눈에 보이지 않을 뿐이죠. 이미 사회 전체가 사용하는 언어에는 차별과 배제가 스며들어 있습니다. 언어 폭력은 종종 신체적 폭력으로 이어지기도 합니다. 발화한다는 것은 결국 행동을 촉구하고, 그렇기에 인종차별적 언어는 사람들의 행동을 억압하기도 하고 고정관념을 퍼뜨리기도 하지요. 차별과 배제의 언어가 곧 사회적 장벽을 양산하고 기회를 박탈하는 기제로 작동하기도 한다는 것입니다. "여자는 조신해야 해"라는 말은 결국 여성을 그런 존재로 만들어버리고, 그렇지 않은 여성을 비난하게 만듭니다. 이러한 것들이 반복되면 우리는 이를 믿게 되고, 마치 사실인 양 떠드는 사람들은 더욱 많아지게 될 것입니다.

누군가를 조롱하는 단어나 용어의 사용을 제한하는 것은 결코 자유를 빼앗는 것이 아닙니다. 자유를 존중한다고 하여 누군가에게 상처를 줄 수는 없습니다. 작은 자유를 지키기 위해 누군가는 극심한 고통을 느낄 수도 있기 때문입니다. 물론 차별과 배제와 비방의 언어를 쓰지 않는다고 해서 세상이 평등해지고 공평해지는 것은 아닙니다. 하지만 그러한 언어의 변화는 행동의 변화를 이끌어낼 수 있고 궁극적으로는 사회의 변화도 만들 수 있습니다. 사회 갈등 지수가 가장 낮은 나라로 평가되는 스위스의 경우 국민 토론의 기회가 많다고 합니다. 그 과정을 통해 국가에 대한 신뢰를 형성하고 시민들은 서로 책임을 나누어 가지게 된다고 합니다. 이렇게 공적 발화의 기회를 갖는 것 또한 언어 폭력에 저항하는 하나의 방식이 될 수 있겠죠. 갈등은 사회를 변화시키는 원동력이 맞습니다. 하지만 그 갈등을 민주적인 언어로 해결할 수 있어야 합니다. 갈등을 해결하는 방법이 공적인 발화, 공적인 논쟁의 모습을 하고 있다면 민주주의는 강화될 것이고 보다 나은 방향으로 나아갈 수 있을 것입니다.

🔍 **함께 읽어볼 책**

- 『바람의 노래를 기억할게』 길 르위스 지음, 김선희 옮김, 봄의정원, 2019
- 『우리에겐 논쟁이 필요하다』 아리안 샤비시 지음, 이세진 옮김, 교양인, 2024
- 『타인이라는 가능성』 윌 버킹엄 지음, 김하현 옮김, 어크로스, 2022

너의 이야기를
발명하라—4

예술

크리스 조던(Chris Jordan)
미국 사진작가/예술가, 『크리스 조던』 저자

아름다움은 세상을 바꿀 힘이 있는가?

· 크리스 조던

저는 사진작가이자 영화감독입니다. 제 작품 중 잘 알려진 것으로는 플라스틱 쓰레기를 먹고 죽은 새의 사진과 그러한 참상을 담은 영화 〈알바트로스〉가 있습니다. 제가 태평양 한가운데 있는 미드웨이 섬에서 일어나는 알바트로스의 비극을 알게 된 것은 〈수를 세다(Running the Numbers)〉라는 제목으로 수년 동안 인간의 과잉 소비가 만들어낸 사회적 문제의 실상을 드러내는 사진 작업을 하면서부터입니다.

저는 한 개인으로서 이 거대한 세계의 문제를 어떻게 마주하고 바라볼 것인가에 대해 오랫동안 고민해왔습니다. 저의 이야기가 세상에서 일어나는 수십억 개의 이야기 중 하나라는 것을 깨달으면 스스로 작고 나약하다고 느껴집니다. 그래서 아무것도 할 수 없을 거라는 생각이 들기도 합니다. 그러다 보니, 무력감이 강하게 느껴지기도 하는데, 그럴수록 변화를 만들기 위한 에너지를 우리 내면에서 찾고 싶었습니다. 내 안에 있는 그 힘에 관심을 갖고 집중하고 싶었지요. 저는 제 예술 작품을 통해 한 개인이 세상과 어떻게 연결될 수 있는지에 대해서 이야기해보고 싶었고, 그것이 만들어낼 수 있는 강력한 변화에 대한 믿음이 있습니다.

예술가의 책임과 역할

우리는 매일매일 이 세상에 버려지고 있는 쓰레기의 숫자를 듣습니다. 그리고 그 숫자는 참으로 거대합니다. 수백만 개의 플라스틱이 바다에 버려진다고 하고, 수십억 톤에 달하는 탄소가 공기 중에 배출된다고 듣습니다. 숫자들을 들으면 우리는 마치 그것을 이해하고 또 알고 있다고 생각하기 쉽습니다. 하지만 그 숫자를 어떻게 인식하는지에 관한 연구 결과를 보면, 인간이 인식 가능한 범위는 수천 정도밖에 되지 않는다고 합니다.

더 나아가 최근 연구를 보면, 숫자 1과 2 사이에도 우리의 인식에는 엄청나게 큰 차이가 있다는 것이 밝혀졌습니다. 만약 제가 굶주리는 아이 한 명의 사진을 보여주고, 그 아이에게 얼마를 기부하겠냐고 물어보면 대부분은 오만 원 정도를 기부하겠다고 약속합니다. 그런데 제가 아이 두 명의 사진을 보여주고 물어본다면 어떨까요? 그땐 오천 원으로 금액이 현저히 떨어집니다. 배고픈 아이 일곱 명의 사진을 모두에게 보여주고 마찬가지로 물어보면 금액은 0에 가깝게 줄어듭니다. 우리가 매일 보고 듣는 뉴스에서는 수백만, 수억에 달하는 숫자들을 말하지만 그런 숫자들은 우리가 인식할 수 있는 범위를 아주 크게 벗어난 숫자들이라 그것에서 느끼는 감흥은 0에 가깝지요. 그 말은, 즉 숫자가 초래할 현상과 일어날 위기를 거의 감지하지 못한다는 것을 뜻합니다.

  전 지구적인 관점에서 볼 때, 인간의 이런 인식적 단절은 아주 중요한 문제라고 생각합니다. 세상은 점점 크고 복잡해지고 있는데, 거기에 사는 우리는 계속해서 단절되고 분리되고 있습니다. 저는 단절된 세상을 우리 자신과 연결해줄 수 있는 것이 예술이라고 생각합니다. 그래서 이렇게 수많은 개별의 것들이 모여 커다란 하나의 그림을 완성했고, 아름다움을 통한 단절의 극복을 시도한 결과물이 이 연작이기도 합니다.

작은 생명이 알려준 것

작업을 하면서도 저는 항상 숫자가 아닌 현실을 있는 그대로 사진으로 담고 싶었습니다. 그런데 그것은 불가능해 보였지요. 플라스틱 쓰레기가 수천 톤에 이르고 바다 전체에 걸쳐서 넓게 퍼져 있기 때문에 이를 촬영하기는 힘들 것이라 생각하였습니다. 어찌 보면 사진으로는 도저히 찍을 수 없는 것이기도 했죠. 우리가 쓰고 버린 페트병이나 가전기기 같은 쓰레기들을 한꺼번에 모아 사진을 찍을 수 없으니까요. 그러다 우연히 과학자들과 함께하는 학회에 참석했다가 한 생물학자가 저에게 현재 일어나고 있는 이 비극적인 상황을 압축적으로 볼 수 있는 북태평양의 자그마한 섬에 대한 정보를 주었습니다. 그때 저는 한 편의 아름답고도 비극적인 시를 접한 느낌이 들었습니다. 태평양 한가운데에 있는 섬에 전설의 새인 알바트로스가 플라스틱을 먹고 죽어간다는 사실, 그리고 '미드웨이'라는 섬이 가진 이름 자체도 매우 상징적으로 느껴졌습니다.

알바트로스는 플라스틱 문제를 포함해서 구조적인 환경오염이 지구에 미친 영향의 상징입니다. 그래서 미드웨이 섬에서 플라스틱을 먹고 죽은 알바트로스 문제를 해결하고자 하는 노력은 결국 지구 전체를 이루고 있는 구조의 문제를 해결하는 것과 똑같다는 생각에 이르렀습니다. 제가 만든 영화를 보고 나서 많은 분이 "알바트로스를 구하러 미드웨이에 가려면 어떻게 해야 합니까?"라고 묻습니다. 대부분의 사람은 직접 문제를 해결하려고 하죠. 하지만 해양 쓰레기나 기후변화는 구조적인 문제입니다. 그 사실을 안다면 개인적이고 단편적인 노력뿐만 아니라 더 크고 본질적인 해결 방법까지도 생각하게 되겠지요.

저는 이것이 우리 인류 전체가 직면한 도전이라고 생각합니다. 그래서 전 지구적인 문제에 집단적인 인류의 노력이 필요하다는 것이죠. 그리고 제가 보기에는 이는 구조적인 문제에 대한 인식의 전환을 통해서 가능할 것입니다. 어찌 보면 굉장히 단순한 일이라고 생각합니다. 바로 우리의 기억, 우리가 공유하고 있는 느낌과 인식을 변화시키는 것이니까요. 결국 우리 안에 있는 지구에 대한 사랑을 일깨우는 것이 될 것이고요. 헤엄치고 날아다니고 걸어 다니는 모든 생명에 대한 사랑의 느낌을 다시금 상기시키는 일과 같습니다. 그래서 우리가 갖고 있는 사랑의 느낌이 새로운 세계를 이루는 가장 본질적이고 근본적인 토대를 이루게 만드는 것입니다. 우리가 그렇게 할 수만 있다면 분명히 새로운 세계는 탄생할 것이라고 믿습니다.

제가 이런 생각을 하게 된 결정적인 계기는 미드웨이 섬에서 있었던 일 때문입니다. 처음 미드웨이에 갔을 때 저는 플라스틱 문제만 신경을 썼지, 알바트로스에겐 별로 관심이 없었습니다. 그러다 알바트로스 새끼들이 알을 깨고 나오는 계절이 되었습니다. 그 기간에는 수백만 마리의 알바트로스가 섬 전역에 둥지를 지어놓기 때문에 굉장히 조심스럽게 길을 가야만 합니다. 어느 날 자전거를 타고 숲을 지나가고 있었는데, 그러다 아주 아름다운 숲을 보게 되었습니다. 이 숲을 사진으로 담아야지 하고 생각하던 찰나에 갑자기 '쿵' 하고 무언가에 부딪쳤습니다. 자전거 바퀴가 알바트로스의 둥지 한가운데를 밟고 지나가면서 거기에 있던 새끼 알바트로스를 친 것입니다. 급히 내려서 새끼 알바트로스를 보니 양쪽 날개가 모두 부러져 있었습니다. 숨 쉬는 것조차 어려워했습니다. 결국 그 새는 3일 만에 죽고 말았습니다. 저는 3일 내내 아침부터 저녁까지 그 새의 곁을 지켰고, 그 새끼 알바트로스가 죽은 날 저는 도무지 통제할 수 없는 감정에 휩싸인 제 자신을 보았습니다.

한 마리의 작은 새 때문에 제가 이토록 울게 될 것이라곤 상상하지 못했습니다. 그 작은 새는 바다를 보지도 못했고, 날지도 못했으며, 먼 여정을 끝내고 섬에 다시 돌아와서 둥지를 틀지도, 새끼를 부화시키지도 못했습니다. 아주 사소한 저의 실수가 그 생명체의 모든 것을 빼앗았다는 것을 알게 되었습니다. 저와 동료들은 죽은 새를 위해 경건한 의식을 치렀습니다. 저는 그 순간 작은 알바트로스보다 더 아름답고 소중하고 위대한 존재가 없다는 것을 깨달았습니다. 동시에 모든 알바트로스 역시도 저에게 그러한 존재로 느껴졌습니다. 더불어 이 세상의 모든 존재가 저에게는 알바트로스와 똑같이 사랑스럽고 위대한 존재로 느껴졌습니다. 저는 지금 이 순간까지도 그날의 실수를 용서하지 못합니다. 하지만 그 새에게 가졌던 저의 영적인 혹은 정신적인 사랑을 여전히 간직하고 있고, 그 작은 생명이 저에게 주었던 가르침을 지금도 잊지 않고 있습니다.

슬픔을 외면하지 말고 똑바로 직시하라

전 세계에서 일어나는 환경운동에 또 하나의 경향이 있다면 반드시 무언가를 실천해야 한다는 강박증을 가지고 있다는 것입니다. 제 경험에 비춰봤을 때, 무언가를 해야 한다는 생각에 사로잡히게 되면 우리 내면 깊은 곳은 물론 우리가 직면한 문제의 본질을 보지 못하는 일이 벌어집니다. 저 또한 죽어가는 새들과 함께 있으면서도 이들의 고통을 해소하거나 누그러뜨리기 위해 제가 할 수 있는 일이 아무것도 없다는 생각에 이르렀고, 절대적인 무력감에 사로잡히기도 했습니다.

그런데 이러한 본질적인 경험 그 자체, 즉 '목격하고 직시하는 행위' 그 자체도 의미 있다는 사실을 깨달았습니다. 고통 받는 존재가 있고, 우리가 그 존재를 위해 할 수 있는 것이 아무것도 없을 때, 시선을 거둬들이거나 외면하는 것이 아니라 그들과 함께 있어 줄 필요가 있는 것이지요. 이 경험은 목격하는 존재와 목격을 당하는 고통 받는 존재 모두에게 큰 변혁의 힘을 줍니다. 무언가를 해야 한다는 마음을 깎아내릴 생각은 전혀 없습니다. 하지만 제가 바라는 바가 있다면 해야 한다는 생각에서 벗어나 잠깐 멈춰 서서 우리 안에 있는 깊은 슬픔과 무력함이 무엇인지를 느껴보자는 것입니다. 그 시도는 정말 중요합니다.

세상을 바꾸는 것은 현실이 우리에게 주는 특정한 느낌이라기보다 스스로 어떤 느낌을 경험하도록 허락하는 것으로 시작할 수 있습니다. 슬픔도 무력감도 스스로 느끼게 허락하는 것, 그것도 하나의 도전이지요. 어렸을 때 저는 화나고, 슬퍼하고, 두려워하는 것이 안 좋은 것이라고 배웠고, 항상 행복해야 한다는 이야기를 들었습니다. 아마 세상에 벌어지는 일을 알게 되면 분명 화나고 슬프고 두려울 것이니까요. 하지만 우리가 매일 느끼는 슬픈 감정은 자연스러운 것입니다. 그런데 그게 나쁜 것이라 생각하니 세상에 무관심하게 되고 고립되고 이기적으로 변해가는 것이지요.

물론 제가 말하고 싶은 것은 슬픔을 감싸안는 것이지 슬픔만 주목하고 그것에 매몰되는 것이 아닙니다. 몰입의 순간, 감정의 흐름

속에 자신을 통과하는 상태로 두는 것이 가장 중요합니다. 스스로 분노, 슬픔, 화, 기쁨, 유머 같은 것을 느끼도록 허락한다면, 그 속에서 생겨나는 감정과 가치를 발견할 것입니다. 그중 가장 강력한 것은 사랑이겠죠? 모든 감정들은 내가 어떤 사람인지를 깨닫게 해줄 것입니다. 분노라는 감정은 세상으로부터 나를 격리시키고 보호하고자 하는 감정이라는 것도 알 수 있습니다. 두려움은 사랑하는 무언가를 잃어버릴 것 같은 감정이겠죠. 모든 감정에 스스로를 자연스럽게 통과하도록 한다면 그 끝에는 집과 같은 편안함이 있을 것입니다. 그렇게 되면 우리는 옳은 변화를 추구할 수 있습니다. 어떤 확신이 생기면 우리는 행동을 취하게 됩니다. 그러니 감정에 솔직해져야 합니다.

수많은 알바트로스가 죽어가는 처참한 현실을 사진으로 찍는 것은 아주 어려운 일입니다. 죽는 모습을 지켜보기도 어렵고, 기록자로서 그런 장면을 찍어야 하는 의무는 저를 고통스럽게 합니다. 또한 감정적인 무력함의 상태, 극도의 슬픔에 빠지기도 합니다. 수많은 새가 제 눈앞에서 죽고 있는데, 제가 할 수 있는 게 없으니까요. 한 번은 새 한 마리가 죽어가는 영상을 찍는 데 총 8시간이 걸린 적이 있습니다. 처음 그 새를 발견했을 때 큰 고통 속에 있다는 것을 금방 알 수 있었습니다. 고통으로 온몸을 뒤틀고 있었으니까요. 그리고 새가 죽고 나서도 아주 오랜 시간을 그 새와 함께 있었습니다. 영화에는 담지 않았지만 제가 했던 일은 새가 죽은 직후 아직 체온이 남아 있을 때 그 새의 깃털에 제 얼굴을 갖다 대는 것이었습니다. 그럴 때마다 눈물이 하염없이 쏟아진 적이 많았습니다. 죽어가는 새를 보는 것 자체도 힘들었지만 이 새의 배속에는 분명히 많은 플라스틱이 있을 것이라고 직감했기 때문입니다. 그래서 저는 죽어가는 새들을 곁에서 지키며 미안함과 죄책감 속에서도 이런 말을 해주곤 했습니다. "넌 이제 유명한 영화배우가 될 거야. 너의 이야기를 전 세계인들에게 알려줄 거야"라고 말입니다.

 물론 이 새의 고통을 줄여줄 방법이 저에게는 없다는 사실이 가장 저를 괴롭혔습니다. 그때 유일하게 생각한 것은 어떻게든 이 새를 외면하지 않아야겠다는 것이었습니다. 저는 그렇게 목격자가 되려고 했습니다. 고통에 신음하는 존재 앞에 아무것도 할 수 있는 것이 없었지만 그저 함께 있어주었습니다. 그런데 그때 저는 오히려 새로운 깨달음을 얻었습니다. 심장에 있던 자물쇠가 열쇠를 통해 열리는 느낌이었습니다. 시간이 천천히 가는 것처럼 느껴졌고, 주변에 있는 자연의 색감이 찬란하게 빛나는 순간이었습니다. 새들이 죽는 마지막 순간에, 목숨이 끝나는 그 순간에 마지막 몸짓 같은 것을 보고 말았습니다. 그 몸짓을 보며 주어진 삶이라는 것이 우리에게 얼마나 큰 선물인지 깨달았습니다.

 미국에서 만난 청중 중 다수가 그 새들이 처한 절망적인 상황을

해결하기 위해선 그 새들을 죽여서 고통을 멈춰주는 방법이 있지 않냐고 질문합니다. 질문을 받고 제가 그러한 처지에 놓인다고 생각하고 스스로 질문해보았습니다. 심지어 제가 불에 타서 죽어가더라도, 흘러가는 죽음의 속도에 맞추고 싶지 인위적으로 조정당하고 싶지는 않다고 생각했습니다. 아주 자연스러운 방식으로 죽음을 맞이하고 싶으니까요. 그래서 죽음 앞의 생명들을 조금이라도 빨리 죽게 하는 것은 옳지 않다고 생각했습니다.

 실제로 아무것도 안 한 것은 아닙니다. 촬영하는 동안의 절반이 넘는 시간은 새를 구출하는 데 썼습니다. 새들이 비상할 때 너무 힘이 없어서 땅에 처박히는 경우나 연약해서 물에 빠진 알비트로스를 구하기 위해 애썼습니다. 또한 플라스틱을 먹고 숲에서 죽어가는 어린 새들이 죽기 전에 바다를 볼 수 있도록 옮겨놓기도 하였습니다. 하지만 그것밖에는 해줄 수 있는 게 없어서 괴로웠고, 깊은 슬픔과 비통함, 비참함, 애절함, 절망감 등으로 이어졌습니다. 그리고 그런 순간마다 저는 알바트로스와 깊이 연결되고 있다는 것을 느꼈습니다.

이렇듯 제가 유일하게 할 수 있었던 것은 그들로부터 시선을 거둬들이거나 외면하지 않고 그들과 함께 있는 것이었습니다. 우린 언제나 문제를 해결하려 노력합니다. 하지만 진짜 아무것도 해줄 수 없다는 것을 느껴야만 내 안에 있는 깊은 슬픔과 연결될 수 있습니다. 그리고 그런 비통함, 비참함, 애절함이 마음의 문을 열어주는 것이죠.

제가 이 모든 과정을 통해서 얻은 가장 중요한 가르침은 슬픔을 느끼라는 것입니다. 오랫동안 저는 슬픔을 느끼는 것은 안 좋은 것이라고 생각했습니다. 슬픔을 피해서 행복해지고 싶었으니까요. 세상에 슬픔을 느낄 일이 너무나 많기 때문에 그것을 다 느낀다면 제가 버틸 수 없을 것이라고도 생각했습니다. 하지만 미드웨이에 가서 새들을 보며 깨달은 것은 죽음을 외면할 수 없다는 것이었습니다. 시간이 점점 지날 때마다 참을 수 없는 눈물이 계속해서 나왔습니다. 어느 순간 제가 너무나도 큰 슬픔을 느끼고 있다는 사실을 깨달았습니다. 새들을 사랑했기 때문이었죠. 제가 슬픔을 느꼈던 크기만큼 그 새들을 사랑했던 것입니다. 그래서 슬픔을 느끼는 순간에 대해 나쁘다거나 좋다는 판단 자체를 멈췄습니다. 그 순간에 슬픔의 느낌을 경험하면서 충만하고 생생하고 강력해지는 저의 마음을 발견했습니다.

저에게는 티베트 승려인 스승이 한 분 계십니다. 그 선생님은 저에게 삶에 대해서 가르침을 주신 적이 있습니다. 우리가 잠을 잔다는 것은 죽는 것과 가장 가까운 순간이죠. 그래서 그분은 매일 매일을 일생의 전부인 것처럼 산다는 겁니다. 잠을 자고 나서 아침에 눈을 뜨기 직전 '아, 내가 깨어났구나!' 하는 순간이 느껴질 때마다 놀라워하라는 것입니다. '이렇게 나에게 또 하루가 주어졌구나, 내가 이렇게 또 새롭게 태어났구나' 하고 말이지요. 생명의 경이로움을 느낀다면, 많은 문제가 해결될지도 모릅니다. 그것이 바로 제가 사진을 찍고 영화를 찍는 이유이기도 합니다.

생을 경탄하고 사랑하라

문제를 해결하는 데 있어 가장 중요한 것은 그 문제의 가장 근본적인 원인을 향해 거슬러 올라가는 겁니다. 강물이 있다면 그 강물의 끝까지 거슬러 올라가서 물이 시작되는 지점까지 가보는 겁니다. 이 세상에 벌어지는 수많은 문제, 예를 들어 기후 위기, 불평등, 전쟁 등 부정의한 일들의 원인을 분석하면 분명히 수렴되는 한 지점이 있을 겁니다. 그 하나의 지점은 우리의 의식 안에 존재합니다. 그래서 우리의 의식이 바뀔 수 있다면 지구상에 일어나는 많은 문제도 바뀌고 치유될 수 있을 거라 생각합니다. 그렇다면 우리의 의식을 들여다봅시다. 우리 의식의 다양한 작동 방식 중 심각한 문제는 집단적 망각이라 생각합니다. 우리가 이 세계에 대해 가지고 있었던 사랑을 집단적으로 잊어버린 거죠. 우리 모두는 세상에 대한 경이로움과 사랑의 결과로 탄생한 존재인데, 불행하게도 우리 모두는 그 사실을 잊어버렸습니다.

태초부터 우리 모두는 사랑의 존재였습니다. 하지만 시간이 지나면서 그러한 가치들은 잊어버리고 세상이 주는 억압에 짓눌리게 되었습니다. 그래서 어른이 되면 더 이상 세계에 대해 경탄하지 않게 됩니다. 공부를 잘 해야 한다거나, 돈을 많이 벌어야 한다는 세상이 우리에게 주는 억압은 삶의 기쁨을 다 갉아먹을 뿐이죠. 유머도 잃게 되죠. 우리 모두 삶이 기적이라고 하는 아주 기본적인 사실조차도 잊어버립니다. 타인과 사랑을 나누는 법도 잊어버리게 되죠.

이것을 깨달은 그 순간부터 저는 이 세상의 모든 생명체에 대해서 사랑을 느낄 수 있는 존재가 되었습니다. 말하자면 마음의 해방이자 자유를 얻게 된 것입니다. 이 세상에서 사라져가는 존재들을 사랑하게 되면서 마음의 짐에서 해방되었습니다. 매일 슬퍼하란 것도 아니고, 일부러 슬픈 일을 찾아가란 것도 아닙니다. 슬픔을 제쳐두거나 느끼지 않으려고 거부하거나 회피하지 말란 겁니다. 그 슬픔을 외면하고 제쳐두려는 순간 우리의 마음속에 있는 사랑은 사라지고 우리는 이 세계로부터 고립될 것입니다.

인식의 변화가 이 지구상의 문제를 해결할 수 있을 것이라 믿습니다. 슬픔의 반대편에는 항상 기쁨이 있습니다. 그래서 스스로 더 많은 슬픔을 느끼도록 허락하는 순간, 더 많은 기쁨을 느낄 수 있는 능력을 얻게 될 것입니다. 세상에 존재하는 모든 슬픔에 대해서 느끼려고 하는 것, 아름다움을 알려고 하는 것, 이 세계를 온전히 사랑하는 것, 이것이 우리 삶의 가장 본질적인 모습이 아닐까요?

세상 모든 것이 신비하고 아름다운 것들에 의해서 감싸져 있다는 사실을 기억해내야 합니다. 이를 망각하면 우리는 불필요하거나 자잘한 것들에 대해서만 몰두하게 됩니다. 시험을 잘 쳐야 하는데, 화장을 잘 해야 하는데, 대학을 잘 가야 하는데, 돈을 많이 벌어야 하는데…. 우주의 먼지보다 작은 존재인 우리가 고작 할 수 있는 것이 그것뿐일까요? 그렇지 않습니다. 인류 모두가 각자 주어진 기적에 가까운 삶의 의미를 읽고, 삶을 사랑하고, 영적이고 정신적인 영역을 공유한다면 우리 앞에 있는 어두운 문제들을 해결할 수 있지 않을까요? 그러니 세상에서 벌어지는 이 모든 문제가 사랑의 단절 때문이라는 진실에 대해 반드시 생각해야만 합니다.

우리의 의식이라고 하는 것은 정말 단 한순간에 바뀔 수 있기에, 저는 희망을 가지고 있습니다. 전 지구적인 깨달음은 분명히 가능합니다. 타인과 지구를 사랑하는 마음을 가로막을 존재는 아무것도 없죠. 그리고 그것은 우리 모두가 할 수 있는 너무나도 자연스러운 실천입니다.

하지만 당장 일상을 살아가는 데 어려움이 많지요. 그런데 그 문제를 해결하는 아주 강력한 방법이 있습니다. 우리의 삶을 한 번 바라보고 '나는 어떻게 바뀌어왔는가'를 생각해보는 겁니다. 상대를 아무리 비판해도 그를 바꿀 힘이 나에게는 없습니다. 중요한 것은 나 자신이 얼마나 바뀌어왔냐는 것입니다. 살아 있는 내가 모범이 되는 겁니다. "알바트로스 문제에 관심을 가져야 해"라고 말하는 것보다 "나는 알바트로스에 대해 관심을 가지고 있어"라고 나의 이야기를 하는 것이 훨씬 강력합니다. 내가 존재 자체로 기쁨을 느끼고 나름의 원칙을 세우고 그에 따라 살 때 사람들은 그것으로부터 영감을 얻을 것입니다.

전 세계에는 스트레스를 받고 갈 길을 잃어 방황하는 사람이 너무 많습니다. 돈만 벌려 하고, 경쟁에 치여 살지요. 아주 깊은 내면에서 불행이 자리하고 있는 사람이 많다는 것이죠. 그런데 그 사람들이 자기와 반대되는 삶을 살아가는 사람을 만나는 것만으로도 변화의 가능성을 경험합니다. 예를 들어 "나는 돈보다는 내 삶에서 얼마나 의미 있는 일을 하는지가 더 중요해요"라고 말하는 사람을 만난다면, 그 역시도 얼마든지 빛나는 사람이 될 수 있다는 사실을 목격하는 것이지요. 내가 하는 일을 사랑하고, 좋은 음식을 먹고, 스스로 가치 있는 일을 실천함으로써 세상을 치유하고 싶다면 충분히 자신의 삶에서 빛날 수 있습니다. 저 역시도 그렇게 살아가려고 합니다.

우리는 종종 자신은 알고 있지만 사람들이 모르는 것에 대해서, 만약 내가 알고 있는 것을 다른 사람도 안다면 세상이 바뀔 것이라고 생각할 때가 있습니다. "넌 이것도 모르니, 바보야!"라고 말합니다. 그런데 그렇게 하면 모두가 당신을 외면할 겁니다. 또, 너무 진지하게 이 세계의 고통과 아픔에 대해 말하면 상대는 도망갈지도 모릅니다. 어떻게 타인에게 다가갈 것인지를 고민하는 것은 매우 중요한 일입니다. 답을 찾기가 쉽지 않습니다. 그러나 이런 질문을 갖고 있다는 것 자체가 삶을 한 발 나아가게 하는 중요한 일일 겁니다.

누군가는 선생님이 되어서 학생을 가르치는 게 효과적이라 말힐 깃입니다. 누군기는 예술작품을 통해서 표현하는 것이 가장 강력하다 말할 것이고, 유기농 음식을 만드는 것이 지구를 살리는 방법이라고 말하는 사람도 있을 것입니다. 무엇이 되든 상관없습니다. 중요한 것은 의미 있는 목적의식을 통해서 문제를 해결하고자 방법을 찾아간다면 지구에 대한 사랑이라는 제일 중요한 핵심에 도달할 수 있을 것이기 때문입니다.

저는 한국 학생들에게 매우 특별한 변화를 향한 열정을 느꼈습니다. 이것은 전 세계에 어디에서도 느끼지 못한 힘입니다. 제가 만난 미국의 학생들은 마음을 여는 것을 두려워합니다. 깔깔대고 바보처럼 웃는 것을 보이기 싫어하고, 자신이 가진 지적인 능력을 드러내는 것도 두려워하고요. 세상에 대한 경외심을 드러내는 것도 싫어합니다. 우리 존재의 가장 본질적인 모습은 경탄으로 가득 찬 존재인데도 말이죠. 유머와 바보 같은 천진난만함이 우리 인간 존재의 가장 본질이 아닐까요?

여러분이 앞으로 살아가면서 주위에서 나의 존재에 대한 억압이 시도 때도 없이 가해질 겁니다. 하지만 내 안의 목소리에 집중해서 잘 들어보면 내가 아니라 사회가 가지고 있는 두려움의 목소리일 확률이 높습니다. 그러니 친구들과 많이 대화하고 소통하세요. 사회가 주는 억압의 목소리를 멀리하고 동시에 비판적으로 이 세계를 직시할 수 있는 힘을 기르세요. 스스로 아주 희망차고 천진난만한 자신의 표현세계를 가지려고 노력하세요. 바로 여러분이 가진 그 에너지가 바로 전 세계가 필요로 하는 것이라고 생각합니다. 전 생에 걸쳐서 오랜 시간 동안 그런 내면의 에너지를 밖으로 표현할 수 있는 힘을 기르세요.

아름다움이 우리를 구원하리라

저는 우리 모두가 신성한 임무를 가지고 태어났다고 생각합니다. 그렇다면 첫 번째 제가 해야 하는 중요한 과제는 나에게 주어진 신성한 임무는 무엇일까 고민하는 것입니다. 그것이 무엇인지 찾아내는 가장 좋은 방법은 내가 사랑하고, 좋아하는 것이 무엇인지에 대해 질문을 던지고 찾아가는 것입니다. 왜냐하면 우리는 사랑할 때 살아 있기 때문입니다. 그리고 세상에는 살아 있는 존재들, 깨어 있는 존재들, 사랑하는 존재들이 필요하지요.

사실 우리가 나 자신의 신념에 따라 산다는 것이 때로는 누군가를 불편하게 만들 수도 있습니다. 그래서 누군가가 당신에 대한 편견을 갖거나 부정적인 감정을 표출한다는 것은 그가 변화에 대해 갖는 두려움의 표현이라고 할 수 있겠습니다. 그들의 두려움과 공포는 그들의 내면에서 생기는 것이므로, 실제로 바꿔야 할 것은 당신이 아닌 그들이라고 할 수 있습니다.

누군가에게는 아프리카로 가서 죽어가는 코끼리를 보호하는 것이 신성한 임무일 수도 있습니다. 반면 내게 주어진 임무가 코끼리를 구하는 것과 완전히 다른 것이라 해도 괜찮습니다. 나는 나에게 주어진 일을 하는 것일 뿐이고, 저 사람은 코끼리를 구하는 일을 하는 것일 뿐이니까요.

세상에 존재하는 수많은 문제를 직시한다면 그 모든 문제들이 어떻게든 해결되어야 한다는 생각에 이르게 될 것입니다. 모든 문제가 점점 빠르게 악화되고 거대해지고 있습니다. 그러나 환경문제든 사회문제든 모든 문제들이 결국 우리 안에 있는 의식의 증상들입니다. 제가 희망적으로 생각하는 부분이 있다면 인간의 의식이라고 하는 것은 아주 순식간에 큰 변화를 만들어낼 수 있다는 것이고, 제가 생각하는 인식의 변화는 생각보다 굉장히 쉽게 이루어낼 수 있는 것입니다. 금방 될 수 있는 것이기도 하고요. 그것은 다름 아닌 세상에 대한 우리 안에 있는 사랑을 다시금 상기하고, 일깨워주는 노력이라고 앞서 말씀드렸지요. 그래서 다른 존재에 대한 우리의 사랑을 깨닫는 것은 그 세계의 바탕이 되는 벽돌을 쌓아 올리는 것과 같습니다. 그런 노력을 우리가 다함께 한다면 세상에 있는 문제를 해결할 수 있을 것이라고 믿습니다. 우리를 가로막는 것은 아무것도 없게 되겠죠.

저는 사실 아주 오랜 시간 동안 집단적 의식이 갖고 있는 어두운 지점에 대해서 관심을 갖고 작업을 해왔습니다. 그 모든 저의 노력은 변화를 만들어낼 수 있다는 신념과 희망에 기반하여 이루어진 것들입니다. 우리가 인류로서 또 개인으로서 만들어내는 많은 실수는 어찌 보면 우리가 무언가를 두려워하기 때문에 초래되는 문제들이라고도 생각합니다. 그리고 그런 실수들을 만들어내는 두려움 속에 있음에도 불구하고 실은 우리가 두려움을 느끼고 있다는 사실조차도 모를 때가 많다는 것이죠. 우리의 두려움은 우리 의식의 밑바닥에 인식하기 어려운 지점에 존재하는 것이라고도 할 수 있겠습니다. 말하자면 그것이 의식의 그림자 영역이라고 말할 수 있겠죠.

<u>스스로</u>를 위해서 그리고 우리 모두를 위해서 그 어두운 의식의 그림자 속에 빛을 비출 수만 있다면 어떻게 될까요? 아마 우리가 이제껏 한 번도 보지 못했던 두려움을 직시하고, 우리가 이제껏 한 번도 선택하지 못했던 가능성들이 우리 앞에 놓여 있을 것입니다. 여러분은 사랑이, 아름다움이 세상을 변화시킬 수 있다고 믿나요? 저는 그렇게 믿습니다. 여러분 역시 그 경이로운 힘을 저와 함께 경험해보길 바랍니다.

사랑이 바꾸는 모든 것

우리가 어떤 한 대상에 대한 사랑을 시작할 때, 원래의 삶이 있고 그 토대 위에서 사랑이라는 뭔가 좋은 것이 더해진 것으로 생각할지도 모릅니다. 하지만 마음 깊이 상대를 사랑하게 되면 누구나 깨닫게 되죠. 그 사랑이 나의 삶 전체를 바꿀 수 도 있다는 사실을요! 영화 〈빌리와 몰리 : 수달 사랑 이야기〉는 빌리 아저씨와 수달 몰리를 통해 서로 완전히 다른 두 존재가 어떻게 관계를 맺고 사랑하는지, 또 이것이 어떤 변화를 가져오는지 보여줍니다.

주인공 빌리는 고향인 스코틀랜드의 외딴 섬 셰틀랜드에서 아내 수잔과 양치기 개 제이드와 평온한 일상을 살아갑니다. 그러던 중 하루는 야생 수달이 집 가까이 와서 먹을 것을 찾는 모습을 보게 됩니다. 배고파 보이는 야생 수달에게 먹을 것을 주는데, 경계도 하지 않고 허겁지겁 배를 채우는 모습을 보고, 이 어린 수달이 누구로부터도 보호받지 못한다는 사실을 직감합니다. 이 외톨이 수달은 늘 혼자였던 빌리의 어린 시절을 떠올리게 했습니다. 그래서 길을 잃고 혼자였던 수달을 곧 빌리의 가족으로 맞게 되지요. 물론 빌리도 무엇을 해줘야 할지 처음부터 알진 못했습니다. 그렇지만 몸을 씻을 수 있는 물을 받아주고, 편하게 잘 수 있는 잠자리를 마련해주고, 무엇보다 '몰리'라는 이름도 지어줍니다!

그렇게 몰리와 함께한 이후, 빌리의 삶에도 상상하지 못한 변화가 일어나기 시작합니다. 특히, 빌리가 몰리에게 먹이는 구하는 방법을 가르쳐주는 순간은 매우 감동적인 장면입니다. 빌리는 몰리가 인간의 손을 떠나서도, 자연에서 스스로 사냥하고 살아남기를 바랍니다. 그래서 얕은 바닷물에서 해초 사이로 물고기를 흔들며 사냥하는 법을 알려주지요. "이 속에 있는 걸 이렇게 찾아서 먹는 거야, 몰리." 말이 통하지 않아도, 둘 사이에는 신뢰와 사랑이 깊게 쌓입니다. 빌리 덕분에 몰리는 수달의 본성을 회복합니다.

그런 몰리를 야생으로 보내주기 위해 빌리가 스킨스쿠버로 바다에 함께 들어가기로 합니다. 숨을 깊게 들이쉬고 천천히 물속으로 발을 내딛지, 세상이 완전히 달라집니다. 마치 다른 차원처럼 신비롭고 조용하며, 빛은 부드럽게 물살에 흔들립니다. 빌리는 처음으로 몰리의 세계에서 자유롭게 움직이고, 몰리는 천천히 호흡을 맞춥니다. 둘은 새로운 세계에서 마침내 서로가 삶의 일부가 된 기분을 느낍니다. 빌리는 그 감각을 이렇게 표현합니다. "몰리의 몸짓에는 너무나도 우아하고, 완전함이 있습니다. 그녀는 그 자신 그대로 완벽합니다. 그녀가 나에게 보여준 것이 있다면, 몰리의 세계와 나의 세계. 우리를 자연과 분리하는 그 선, 인간과 자연을 구분하는 선은 없다는 겁니다."

이 영화는 인간과 자연 사이의 경계를 넘어서 서로 다른 존재가 함께 어우러지는 감동적인 사랑을 보여줍니다. 비록 말이 통하지 않고 사는 세계가 다르다고 해도, 우리는 얼마든지 서로를 이해하고 사랑할 수 있습니다. 다른 인종, 국가, 종교뿐 아니라 동물과 식물에 이르기까지, 우리가 경계와 장벽이라고 느꼈던 것은 사랑 앞에서 허물어지고, 오히려 세계가 얼마나 넓고, 서로 연결되어 있는지를 깨닫게 해줍니다.

도시에서 바쁘게 살다 보니, 숲 한 번 제대로 가기 어렵고, 자연에서 사랑은 더욱 느낄 겨를이 없다면 이 영화를 추천합니다. 우리가 자연과 소통할 수 없고, 이해할 수 없다고 느끼는 건 자연과 떨어져 살며 자연에 대해 그만큼 모르기 때문일 확률이 높습니다. 책을 읽으며 또 다른 지식을 알기 위해 끙끙거리는 게 아니라 새로운 눈으로 이 지구를 탐험하고 이곳에서의 생을 사랑하는 호기심 많은 모험가가 되는 방법을 고민해볼 수 있을 것입니다. 영화 속에서 빌리와 몰리의 사랑이 가장 잘 느껴지는 순간이 언제였는지 떠올려보기를 권합니다. 또 각자의 삶에서 언어와 세계의 차이를 넘어 사랑의 감정을 느끼고, 상대를 이해하기 위해 노력했던 순간도 찾아보면 어떨까요? 어떻게 그런 사랑이 가능했는지, 무엇을 느끼고 배웠는지, 함께 읽으며 더 큰 사랑을 상상할 수 있다면 좋겠습니다.

빌리와 몰리의 사랑을 목격하다

윤정서(16세)

노을이 진 호숫가에서 빌리와 몰리가 함께 시간을 보내는 장면이 있습니다. 둘은 모습도, 생활방식도, 언어도 다르지만, 같은 하늘의 노을을 바라보며 함께 수영할 수 있습니다. 그 장면을 보며 정말 자연과 사람을 구분하는 선은 없다는 생각이 들었습니다. 둘은 서로 연결되어 있었고, 사랑을 느낄 수 있었습니다.

김가언(15세)

빌리가 몰리의 삶을 탐험하고자 물속으로 들어간 장면이 잊히지 않습니다. 빌리와 몰리는 서로 이야기를 나눌 수 없었기에 서로를 더 이해하고 싶은 마음이 컸을 것입니다. 그래서 물속으로 들어가 상대의 눈으로 상대의 세계를 보려고 노력했던 것 같습니다. 저는 이 장면을 보고, 상대를 사랑한다면, 상대의 관점으로 세상을 바라보는 일이 꼭 필요하다는 걸 알게 되었습니다. 또한 언어가 없이도 사랑을 표현하고 느끼는 일이 가능할 수도 있다는 확신을 갖게 되었습니다.

최준안(16세)

영화에는 빌리가 겨울 동안 사라진 몰리가 돌아오길 기다리는 장면이 나옵니다. 차갑고 어두운 눈 내리는 밤에도 빌리는 하염없이 몰리를 생각합니다. 그 장면에서 몰리가 빌리에게 얼마나 소중한 존재인지 느껴졌습니다. 몰리는 빌리의 삶을 변화시키고 또 그와 연결된 다른 사람들의 삶에도 영향을 주었습니다. 둘의 유대는 이렇게 특별합니다. 물론 서로 대화가 통하지 않는다고 느껴지는 장면도 있었습니다. 하지만 겉으로 보이는 모습이 전부가 아닙니다. 말이 통하지 않아도 서로의 진심 어린 마음이 함께하는 장면은 충분히 많았으니까요. 그것이 사랑이죠.

이원준(17세)

빌리는 몰리와 계속 살 수도 있었습니다. 하지만 그는 자연으로 보내주어야 할 때를 알았죠. 몰리를 위해 빌리가 바다 속으로 함께 들어가던 장면이 떠오릅니다. 물에서 살지 못하는 인간이, 좋아하고 애정으로 보살폈던 존재와 마지막으로 만나기 위해 새로운 세계로 첫발을 내딛는 순간 말입니다. 그 모습을 사랑이 아니면 뭐라고 부를 수 있을까요? 계속 함께하고 싶은 감정을 이겨내고, 상대를 진짜 위하는 방법이 무엇인지 고민하는 것, 마지막까지 상대를 위해 새로운 세계에 도전하는 것, 이런 빌리의 태도에서 그의 사랑이 얼마나 깊은지 느낍니다.

이정원(14세)

빌리와 몰리의 사랑은 영화의 모든 순간에 느껴졌지만, 그중에서도 겨울이 되었을 때, 빌리가 더는 몰리에게 생선을 주지 않은 순간이 특별했습니다. 힘들어하는 몰리에게 먹이를 주는 것은 그다지 어려운 일은 아니었을 것입니다. 오히려 행복한 일이었겠지요. 하지만 먹이를 주는 게 아니라 먹이를 얻는 방법을 알려주는 것이야말로 내가 없어도 혼자 살아갈 힘을 알려주기 위한, 몰리를 위한 일이었습니다. 순간 나의 마음이 힘들고 불편해도 상대를 진정으로 위하는 마음, 그게 사랑인 것 같습니다. 우리의 사랑은 때론 자기중심적이고, 그래서 과하고 넘칠 때도 있으니까요.

김소율(14세)

빌리는 몰리를 소중한 하나의 생명체로 인정하고 존중합니다. 그래서 몰리의 세계로 뛰어들어, 자신의 세계와 몰리의 세계가 이어져 있다고 자신 있게 말하지요. 저는 그 장면에서 빌리의 가득한 사랑을 느낄 수 있었습니다. 한 존재를 가치관, 성격, 외모를 넘어 그 자체로 사랑하게 되었을 때, 그의 세상까지도 사랑할 수 있게 된다고 생각합니다. 빌리 또한 몰리를 너무 사랑해서, 그의 세상까지도 사랑하게 된 것입니다.

배호은(18세)

우리는 사랑하는 방법과 이별하는 방법을 따로 배우지 않습니다. 하지만 모두가 각자의 방법으로 사랑과 이별을 겪습니다. 눈보라와 폭풍 속에서 몰리의 행방을 알 수 없는 빌리의 마음은 어땠을까요? 머릿속으로는 인간과 멀어지는 것이 몰리에게 더 도움이 될 것임을 알면서도 마음으로는 후회하고, 기다리고, 울기도 하며 멈춘 시간이 다시 흐르길 바라게 됩니다. 빌리와 몰리는 우연히 만났지만, 시간들이 쌓이면서 신뢰가 생기고, 함께하는 걸 넘어 이별에 이릅니다. 둘 사이엔 어떤 시간이 흘렀으며, 어떤 마음을 나눴을까요? 서로가 서로에게 필요한 모든 것임을 깨달은 순간, 빌리는 자신의 필요를 기꺼이 포기하고 용감하게 몰리의 세계로 뛰어듭니다. 우리는 흔히 사랑의 형태라고 정의하는 것에 맞춰 사랑하기 바쁘고, 어설프게 이별합니다. 과연 우리도 상대를 있는 그대로 둘 수 있는 사랑을 하고 이별을 할 수 있을까요? 욕망과 그 욕망을 이루려는 열망으로 가득한 세계에서, 우리에겐 더 잔잔하고 담백한 빌리와 몰리의 사랑과 이별이 필요합니다.

우리가 다른 세계를 사랑하는 순간

조예린(17세)

저는 강아지 초롱이와 함께 삽니다. 우리는 함께 잠을 자고, 뛰어 놀고, 함께 나이를 먹습니다. 강아지와 저는 둘도 없는 친구이자 가족입니다. 그러나 강아지의 시간은 사람의 시간보다 몇 배나 빠르게 흘러버립니다. 처음 만났을 때, 다섯 살이었던 초롱이는 열 살이 되었습니다. 저는 아직 학생이지만, 초롱이는 벌써 노년기에 접어들었습니다. 이 사실을 자각한 순간이 돌이킬 수 없는 사랑을 깨달은 지점이었습니다. 종종 인간은 서로를 속이고, 믿음을 배신하기도 합니다. 그러나 강아지는 그 어떤 인간도 속이지 않고, 솔직한 얼굴로 진실하게 우리를 대합니다. 말이 통하지 않아도 우리는 대화하고 있습니다. 언제나 서로를 아끼고, 좋아한다는 말입니다.

최준안(16세)

친구들과 길고양이를 만난 적이 있습니다. 먹이와 물을 주었더니, 그 고양이는 매일 같은 시간 같은 장소로 우리를 만나러 왔습니다. 어느 날은 새끼를 데려와 함께 먹이를 먹은 적도 있습니다. 그 고양이를 만난다는 생각만으로 하루가 행복하던 시절이 있었습니다. 물론 몇 개월에 그친 시간이었고, 길게 유지된 만남은 아니었습니다. 하지만 그 시간은 제게 종의 차이나 시간의 길이는 사랑의 감정을 갖는 것에 전혀 문제가 되지 않는다는 걸 알려주었습니다.

장희원(16세)

기분 좋은 선선한 바람이 불기 시작하는 계절, 달력을 보지 않아도 가을이라는 걸 체감하게 됩니다. 건물에서 나와 그 바람을 맞으면 시험 성적이 마음만큼 나오지 않아도, 기분 좋지 않은 일이 생겨도 그냥 이 지구에 살고 있다는 사실이 참 좋다는 생각이 듭니다. 이런 느낌이 자연에 대한 사랑인지는 잘 모르겠지만, 자연의 소중함만큼은 잘 느낄 수 있는 것 같습니다. 그 마음에 사랑이라는 이름을 붙일 수도 있지 않을까 생각하면서 말입니다.

관심을 가지면 사랑하게 된다

하지인(14세)

『질문으로 시작하는 생태 감수성 수업』에 나오는 많은 동식물 중 가장 마음이 갔던 동물은 고라니입니다. 고라니는 우리나라와 중국, 영국과 프랑스에 살고 있습니다. 사슴과 달리 송곳니가 있어 나무줄기를 긁어 껍질을 벗겨 먹는다고 합니다. 마음이 갔던 이유는 이 고라니가 우리나라에서 가장 많이 로드킬을 당하는 동물이라는 사실 때문입니다.

혹시 고라니가 갑자기 도로로 뛰어드는 이유를 아시나요? 고라니는 태어난 지 1년이 되면 독립하여 새끼들이 어느 때보다 활발히 활동한다고 합니다. 그때 지역의 도로나 자동차의 위험성을 제대로 알지 못해서 갑자기 튀어나오는 일이 잦다는 것입니다. 운전자 입장에서도 고라니를 치는 게 기분 좋은 일은 아닐 것입니다. 아직 어린 새끼들이라면 더더욱 그렇습니다. 고라니의 입장과 시선에서, 도로로 나오지 않게끔 하는 세심한 조치를 해주는 것이 우리의 관심과 사랑의 표현이 될 수 있지 않을까요?

장희원(16세)

저는 이끼를 별로 좋아하지 않습니다. 어릴 땐 계곡에 가면 미끌미끌한 이끼에 발을 헛디딜까봐, 좀 커서는 건축물의 외관이 지저분해 보여서 그랬습니다. 하지만 책을 읽으며 이끼가 생태계에 무척 중요한 역할을 한다는 걸 알게 되었습니다. 긴 시간 동안 이끼 덕에 대기 중 산소 농도가 올라갈 수 있었고 오존층이 생기며 동식물이 뭍으로 올라올 수 있었다는 것입니다. 오늘날에도 뛰어난 생존력으로 산불로 척박해진 숲에 오염물질을 정화하며 숲을 복원시키거나, 탄소 배출을 줄이거나, 치료제로도 활용할 수 있다고 합니다. 이끼가 이렇게 고마운 존재인데 저는 왜 전혀 몰랐을까요? 관심이 없어서일 수도, 이끼를 싫어한다고 단정하고 살아서 호기심이 아예 없었던 것일 수도 있습니다. 확실한 건 하찮게 여기던 자연의 모든 것들이 이토록 중요한 역할을 한다는 것입니다. 혼자만의 세계를 벗어나 관심을 가지지 않던 것들의 아름다움을 느껴야겠다고 다짐해봅니다.

김소율(14세)

제가 가장 사랑하는 식물은 민들레입니다. 저는 민들레의 강한 생명력이 좋습니다. 도로 아스팔트의 깨진 틈새, 벽돌 사이, 푸른 꽃밭 가운데 어디든 피어나는 민들레를 닮고 싶기도 합니다. 어쩌다 포장된 도로 사이 민들레를 발견하면 마치 오늘 하루에 대한 응원을 받는 기분이 듭니다. 민들레는 심지어 씨를 흩뿌리는 과정도 아름답습니다. 하얀 솜털 같은 홀씨를 '후' 하고 불어서 날릴 때면 마치 씨앗들이 '내가 필 자리는 내가 정할 거야'라고 말하는 것 같습니다. 그래서 제게 민들레는 그 어느 식물보다 강인하고, 자유롭고, 당당하고, 그래서 닮고 싶은 식물입니다.

김루형(15세)

사람들 대부분은 파리를 불쾌하고 더러운 곤충이라고 생각합니다. 쓸모없는 해충으로 낙인찍힌 거죠. 그럼 파리가 없으면 정말 더 깨끗한 세상에서 살 수 있을까요? 파리의 종류도 얼마나 다양한지 아시나요? 꽃등에 성충은 농작물의 결실을 도와주며, 기생파리조차도 다른 해충을 분해합니다. 또 어떤 파리는 다른 동물의 배설물을 분해하는 역할을 하는데, 만약 파리가 사라져버리면 똥을 분해할 수 없으니까 어쩌면 세상은 더 더러워질 것입니다. 이러한 파리처럼 세상에 모든 생물은 존재 이유가 있고 쓸모없는 생명은 없는 것 같습니다. 흔히 생각하던 동식물을 다른 시선으로 바라보려는 노력이 필요하지 않을까요?

윤정서(16세)

개구리는 겨울에 잠을 자고 봄에 깨어나는 동물입니다. 잠시 몸을 얼렸다가 따뜻해지면 다시 피가 돌기 시작하지요. 이렇게 과학이 발전한 시대에도 그 원리를 정확하게 다 알지는 못한다고 합니다. 그만큼 신비한 동물이라는 생각이 듭니다. 사실 개구리를 징그럽다고 싫어하는 사람도 있습니다. 하지만 개구리는 아주 중요한 동물입니다. 생태계에서 해충을 잡아먹으며 균형을 유지하는 역할을 하기도 하고, 사람들과도 관계가 깊어서 옛날 사람들이 개구리가 깨어나는 걸 보고 '경칩'이라고 부르며 봄이 오는 걸 알아차리기도 했습니다. 개구리는 농약, 서식지 파괴, 기온 변화 등으로 최근 멸종 위기에 놓여 있습니다. 알면 알수록 신비한 개구리를 여러분도 관심을 가지고 알아보면 어떨까요? 분명히 애정이 생기고 지키고 싶어질 것입니다.

🔍 함께 읽어볼 책

- 『음악과 생명』 류이치 사카모토, 후쿠오카 신이치 지음, 황국영 옮김, 은행나무, 2025
- 『장난꾸러기 해달 오더』 캐서린 애플게이트 지음, 찰스 산토소 그림, 이원경 옮김, 가람어린이, 2024
- 『크리스 조던』 크리스 조던 지음, 인디고 서원 엮음, 인디고서원, 2019

너의 이야기를
발명하라—5

교육

브라이언 파머(Brian Palmer)
미국·스웨덴 사회인류학자, 『오늘의 세계적 가치』 저자

개인의 선택은 어떻게
사회를 바꿀 수 있는가?

・브라이언 파머

저는 2007년부터 인디고 서원과 인연을 맺어온 오랜 친구이자 미국 하버드 대학교를 거쳐 지금은 스웨덴 웁살라 대학교에서 학생들을 가르치는 사회인류학자입니다. 지난 시간 동안 인디고 서원과 저는 보다 인간적이고 아름다운 세상을 꿈꾸며 공동선을 향해 나아가고자 함께 노력해왔습니다. 그 과정에서 한국의 많은 청소년들을 만났습니다. 중학교 혹은 고등학교로 강의를 간 적도 많은데요. 한국 학교를 방문할 때마다 집에 온 것 같은 편안함을 느낍니다. 여러 이유가 있지만, 한국 학교는 제가 다녔던 고등학교와 닮은 점이 많기 때문입니다.

한국의 학생들이 세계에서 가장 경쟁이 치열한 교육 시스템 속에 살아간다는 말을 자주 듣습니다. 높은 성적이 요구되는 시험과 상위 대학에 들어가기 위한 치열한 경쟁은 학생들을 걱정과 두려움으로 내몰고, 때로는 자기 비하와 절망 속으로 빠트린다고 말이죠. 제가 다녔던 뉴욕의 특목고 중 하나인 스타이브슨(Stuyvesant) 고등학교도 마찬가지였습니다. 이 고등학교는 미국에서 가장 경쟁이 치열한 고등학교 중 하나였죠. 그래서 저는 여러분의 고등학교 경험이 어떤 것인지 어느 정도 경험을 통해 알고 있다고 생각합니다.

다행히도, 제가 스타이브슨 고등학교에 다니기 전에 다녔던 중학교는 더 여유롭고 오히려 경쟁을 반대하는 분위기였습니다. 그 학교는 평화와 비폭력을 지향하는 기독교 종교 단체인 퀘이커 교도들에 의해 설립되고 운영되었습니다. 에피소드를 하나 소개할게요. 저는 학교 축구팀의 일원이었습니다. 경쟁 학교와의 경기에서 제가 두 골을 넣었죠! 상상해보세요, 두 골을! 하지만 안타깝게도 두 골 모두 자책골이었습니다. 실수를 한 거죠. 여러분 같으면 두 개의 자책골을 넣은 친구에게 어떤 마음이 들 것 같나요? 그런데 학교 축구 감독님은 저를 경기에서 빼지 않았습니다. 그리고 친구들도 괜찮다고 저를 다독여주었지요. 경기에서 이기는 것이 중요하지 않았기 때문입니다. 함께 어울리는 것이 스포츠의 목적이니까요.

평범한 사람들의 용기

여러분도 그런 친절한 교육을 경험할 수 있기를 바랍니다. 인생은 예측할 수 없는 방향으로 흘러가며, 명문 대학에 입학하고 대기업에 취직하는 것이 여러분에게 가장 큰 행복을 주는 일이 아닐 수도 있습니다. 되려 그런 길을 접어들었다가 자신에게 더 중요한 무언가를 발견할 수도 있겠죠.

인생의 굴곡과 새로운 길을 선택한 이를 생각하면 저는 마리나 오브샤야니코바가 떠오릅니다. 여러분 중 이 이름을 아는 사람이 있나요? 마리나는 고등학교 시절 수영팀 선수였고, 체조도 했습니다. 19살에 대학생이 되었을 때, 그녀는 지역 러시아 텔레비전 뉴스 채널에서 일하기 시작했습니다. 6년 후, 그녀는 러시아 최대의 뉴스 채널인 채널 원으로 이직하면서 모스크바에서의 생활을 시작했죠. 그녀에게 주어진 업무는 전 세계에서 뉴스를 읽고 시청한 뒤, 러시아를 좋게 보이게 하고 경쟁 국가들을 나쁘게 보이게 하는 이야기를 취사선택하여 기사를 만드는 것이었습니다.

마리나는 처음부터 이 일을 하면서 과장, 선전, 왜곡, 명백한 거짓말 등이 요구된다는 것을 알고 있었습니다. 하지만 그녀는 자신의 일이 가치 있다고 믿었습니다. 왜냐하면 높은 급여를 받았고, 그녀와 그녀의 남편, 그리고 아이들은 모스크바의 고급 주택 단지에 살 수 있었으며, 이탈리아의 고급 리조트 등 서유럽으로 가족 여행을 자주 가곤 했으니까요. 또한 그녀는 명품 사는 것을 즐겼고, 인스타그램에 셀카를 올리곤 했습니다.

2022년 2월 러시아가 우크라이나를 전면적으로 침공하기 시작했을 때, 마리나는 여전히 러시아 TV 시청자들에게 보도될 부분적으로 거짓된 뉴스를 계속 제작하고 있었습니다. 하지만 약 3주 동안, 마리나는 러시아 국민을 오도하는 가짜 뉴스 제작 방식에 대해 점점 죄책감 같은 것을 느끼기 시작했습니다.

그러한 회의감이 한계치를 넘어섰을 때, 그녀는 11살 딸의 미술 도구를 빌려 포스터 한 장을 만들었습니다. 그리곤 2022년 3월 14일, 러시아에서 가장 높은 시청률을 자랑하는 저녁 뉴스 프로그램의 생방송 도중, 마리나는 방송 화면 안으로 뛰어들어 뉴스 앵커 뒤에 서서 자신이 만든 포스터를 양손에 들었습니다. "전쟁 반대, 러시아 전쟁을 멈추세요. 선전에 속지 마세요. 여러분은 거짓을 듣고 있습니다. 러시아인들은 전쟁에 반대합니다." 그녀는 큰 소리로 자신의 메시지를 외쳤습니다.

카메라맨은 재빨리 다른 각도로 화면을 바꾸었고, 이후 화면은 그녀가 없는 방향으로 전환되었습니다. 하지만 경험이 풍부한 방송인이었던 마리나는 자신의 항의가 여전히 화면에 보이도록 몸의 방향을 돌렸습니다. 6초 후, 생방송은 중단되었고, 사전 녹화된

방송이 흘러나왔습니다.

　마리나는 즉시 상사에게 불려갔고, 경찰에 의해 밤새 구금되어 심문을 받았습니다. 직후 그녀는 직장에서 해고되었지요. 몇 달 후, 크렘린 궁전 앞에서 또 다른 항의를 한 후, 마리나는 전자 발찌가 발목에 부착된 상태로 가택 연금되었습니다. 그녀의 아들은 그녀가 그의 인생과 가족의 인생 모두를 망쳤다고 엄마를 비난했습니다.

　마리나가 15년 이상의 징역형을 받을 것이라고 예상하자, 국경 없는 기자회 프랑스 지부는 비밀리에 누군가를 보내 그녀의 발찌를 잘라내고, 마리나와 그녀의 11살 딸을 밤중에 차로 급히 피신시켰습니다. 그녀와 딸은 밤새 달려 러시아 국경에 도착했고 어두운 숲을 지나 국경을 넘어 도망쳤습니다. 그들은 중간에 길을 잃었지만, 결국 국경 반대편에서 기다리던 국경 없는 기자회 회원이 그들을 인도했습니다. 그 둘은 프랑스로 이동했고, 숙식을 해결할 수 있는 비밀 공간을 제공받았습니다. 파리에 무사히 도착한 것은 다행이었지만, 러시아는 해외에서 반체제 인사를 암살하려는 시도를 종종 했기 때문에 마리나의 신변에 대한 걱정은 계속되고 있습니다.

　저는 마리나의 사례처럼 종종 자신이 믿는 가치를 위해 위험을 감수하고 희생을 치르는 개인들의 이야기에 늘 주목합니다. 이들에 대해 대화에서 강의를 하기도 하지요. 이러한 개인들 중 일부는 마치 성인군자 같은 존재라서 그들의 삶을 차마 따라 하기 어렵게 느껴지곤 합니다. 그렇습니다. 그들은 위대한 사람입니다. 하지만 제가 마리나의 이야기를 좋아하는 이유는 그녀 또한 우리와 같이 매우 인간적이기 때문입니다. 이탈리아에서 멋진 휴가를 보내기 위해 부정한 일에 기꺼이 임했던 한 평범한 사람이 어느 순간 "잠깐, 이게 진정 내가 하고 싶었던 일인가? 정말 내가 되고 싶었던 사람인가?"라고 스스로에게 물었고, 질문에 대한 답을 찾아가는 과정에서 용기를 발휘하게 된 것이지요. 이는 우리가 모두 더 용감하고 관대한 사람으로 성장할 수 있는 능력을 가지고 있음을 알려줍니다. 과거의 많은 실수와 실패가 내가 언젠가 빛을 발하고 자랑스러워할 일을 할 수 없다는 것을 의미하지는 않는다는 것을 말입니다.

누가 세상을 바꿀 수 있는가

"누구나 좋은 사회를 상상할 수는 있지만, 그를 실현할 사람은 누구인가?" 사회학자 지그문트 바우만 선생은 인디고 서원과의 인터뷰에서 이 절실한 질문을 던졌습니다. 폭력과 전쟁의 종식, 자원의 평등한 분배, 생태에 대한 관심 등 우리가 생각하는 좋은 사회를 위한 공동선에 대해 이름 붙이기는 쉽습니다. 하지만 이러한 공동의 이상을 실제로 실현할 주체가 있어야겠지요.

바우만은 사회 변화가 갖는 몇 가지 어려움들을 지적했습니다. 첫째, 대부분의 권력이 경제 시스템에 집중되어 대중의 삶과 민주적 통제의 범위를 벗어나 있다는 점입니다. 금융 엘리트들과 비인격적인 것처럼 보이는 '시장의 힘'이 세계의 방향을 결정하고 있으니까요. 자본주의가 점점 민주주의를 잠식하는 형국입니다. 둘째, 대부분의 시민들이 각자의 고단함을 이겨내는 데 급급하기에 사회 조직을 만들어 집합적 행동에 나서거나, 시민 행동에 참여할 수 있는 여력이 없다는 점입니다. 우리는 개인의 스펙을 쌓느라 이미 지쳤고, 이 가혹한 세상으로부터 벗어나 집에서 그저 아무것도 안 하며 쉬고 싶을 뿐이지요.

물론 공동선을 향하는 것은 쉬운 길이 아닙니다. 새로운 물건들을 사고파는 행위 따위의 것들은 쉬운 일이지요. 작가 조녀선 코졸이 말한 것처럼, "중요한 일은 결코 그저 일어나지 않습니다." 안젤라 오치는 그 사실을 정확하게 알고 있었습니다. 나치 시절인 1940년대 초반 독일에 살고 있었던 어린 소녀 안젤라는 아돌프 히틀러를 공적으로 비판하는 용기를 감행했습니다. 그 대가로 그녀는 자신들의 마음에 들지 않으면 누구든 죽이고 고문할 수 있는 아우슈비츠 수용소에 수감되어야만 했지요. 안젤라는 수용소의 병원에서 강세노역을 해야만 했습니다. 그곳에서 그녀는 아픈 여자들이 무여 있는 비밀스러운 장소를 알게 되었고, 그곳의 여자들이 결국 가스실에서 죽임을 당한다는 것을 듣게 됩니다. 안젤라는 그녀들을 구했고, 구출된 여성들은 안젤라를 "아우슈비츠의 천사"라고 불렀습니다.

우리는 억만장자인 재벌총수를 존경하고, 섹시한 모델과 스포츠 스타를 추앙하며, 심지어 그들을 '영웅'이라고 부르기까지 합니다. "아우슈비츠의 천사"라는 이름의 누군가는 그들과 완전히 다른 차원의 인물이라고 할 수 있습니다. 아우슈비츠 이야기가 나왔으니 좀 더 이야기를 해보죠. 나치는 폴란드에 강제 수용소를 만들었습니다. 당시 사람들은 아우슈비츠 안에서 무슨 일이 일어나는지 몰랐지만, 그곳에서 끔찍한 일이 생겼다는 것을 짐작은 할 수 있었지요.

폴란드 사람인 비톨드 필레츠키도 그런 사람들 중 한 명이었지요. 그는 누군가 반드시 아우슈비츠에 대해 조사하고 고발해야 한다고 생각했습니다. 그에게는 사랑하는 가족이 있었지요. 사랑하는 아내와 두 명의 아이들. 하지만 그는 아우슈비츠로 몰래 들어갈 결심을 했습니다. 나치들이 바르샤바에 있는 수감자들을 몰아넣을 때, 그는 스스로 그 무리에 섞여 아우슈비츠로 들어갔습니다. 그는 도착할 당시를 이렇게 기록하고 있습니다. "도착하자마자 우리는 머리카락을 잘리고, 벌거벗겨졌고, 차가운 물세례를 받아야 했다.

묵직한 몽둥이에 턱을 가격 당했고, 이가 두 개 빠졌다. 피가 흐르기 시작했다. 그 순간, 우리는 그저 숫자로 불리기 시작했고, 나는 4859번이 되었다." 수감자로서 비톨드는 비밀스럽게 일지를 써내려갔고, 그것을 수용소 바깥으로 몰래 내보냈습니다. 수감자들이 굶어 죽고, 참혹한 현장에 있으며, 고문당하고 가스실에서 죽임을 당한다는 사실을 세계에 알리기 위해서 말이지요.

2년 반이 흐르고, 그는 서신을 통해 이렇게 썼습니다. "더 이상 이곳에 머무는 것은 너무 위험하고 힘든 일이다." 그는 밤중에 도주를 시도하다 총에 맞게 됩니다. 그는 겨우 살아남아 탈출했지만, 그 후에 다른 용기 있는 활동 과정에서 사형 당하고 맙니다.

불교 비구니인 페마 쵸드롱은 "너를 두렵게 하는 곳으로 가라"라고 말합니다. 비톨드 필레츠키가 그러했습니다. 그는 아우슈비츠의 참상을 누군가 세상에 알려야 한다고 생각했고, 그것이 대가를 치르게 될 것이란 것을 알고 있었지요. 그럼에도 불구하고 그는 두려운 곳으로 발길을 내딛었습니다. 저는 인간 존재가 비톨드나 안젤라와 같이 아름다울 수 있다는 사실에 경외감을 느낍니다.

공동선을 향해 나아가는 사람들

우리는 이들을 기억해야 합니다. 그들을 기려야 하고, 그들에게서 배워야 합니다. 동료들과 함께 저는 공동선을 향해 온몸을 던진 용감하고 위대한 사람들의 365개의 이야기를 모아 매일 그들을 소개하는 다이어리를 만들었습니다. 모든 이들은 자신이 옳다고 믿는 대의를 위해 크든 작든 개인적 혹은 사회적 대가를 치렀지요.

루브나 후세인을 떠올립니다. 2009년 어느 날, 수단의 저널리스트인 루브나는 면바지를 입고 식당에 들어갔습니다. 수단에서는 여성들에게 그런 복장이 허용되지 않는데도 말이지요. 태형을 받거나 수감될 위험을 감수하고, 그녀는 이 문제에 대한 대중의 관심을 환기하고자 했습니다. 또 다른 용감한 여성 마날 알-샤리프가 있습니다. 몇 년 전, 그녀는 운전하는 자신의 모습을 유튜브에 올린 죄로 사우디아라비아의 경찰에게 체포당했습니다. 종교적 율법을 어겼다는 이유였죠. 사우디아라비아에서는 여성들에게 허락되지 않은 일이었습니다. 하지만 그녀의 행동은 다른 여성들도 이에 동참하게 하는 운동으로 퍼져 나갔습니다.

웨슬리 오트리도 있습니다. 2007년, 건설 노동자였던 오트리는 뉴욕 지하철 철로에 떨어진 남성을 구하기 위해 달려오는 기차에 몸을 던졌습니다. 오트리는 그 남자를 철로 사이로 밀어내고 온몸

으로 그를 감쌌지요. 기차가 그들 몸 위로 지나갔지만, 다행히도 둘 모두 부상 없이 살아남았습니다. 또 다른 극적인 드라마 같은 삶은 시각장애인 인권운동가인 천광천에게서도 볼 수 있습니다. 2006년, 그는 중국의 한 자녀 정책 때문에 이루어지는 강제 낙태와 강제 불임술에 대해 《타임》에 고발을 하게 됩니다. 그 때문에 그는 4년이라는 징역을 선고받았고, 2012년 4월 그는 체포당하기 전 극적으로 집에서 탈출하는 사건을 만들어냈죠.

저널리스트 나탈리 샤번트는 어떨까요. 2012년 2월, 그녀는 라디오 인터뷰에서 트루크메니스탄의 대선을 비판했습니다. 다음날, 그녀는 잘린 양의 머리가 그녀 집 앞에 놓여 있는 것을 퇴근길에 보아야만 했지요. 그러한 협박에도, 그녀는 저널리스트로서 활동을 계속하고 있습니다. 또 우리는 줄리아 버터플라이 힐을 기억하고 있습니다. 1997년, 그녀는 캘리포니아의 1,500년 된 삼나무 위에 올라가 살기 시작했습니다. 오래된 숲의 파괴를 막기 위해서였지요. 그녀는 벌목 회사가 그녀의 결심에 동의할 때까지 무려 2년 동안 나무 위에서 살았습니다.

저는 때때로 우리가 살고 있는 이 사회를 보다 인간적으로 만들기 위해서 우리 모두는 독재자에 맞서야 하며, 권력의 폭력에 반대하고, 관대함의 영역을 개척하기 위해 노력해야 한다고 생각합니다. 위대한 개인들은 비밀스럽고 은밀하게 희망을 만들어가고, 조용히 공동선이라는 희망을 지켜나가고 있지요. 하지만 세상의 폭력과 탐욕으로부터 맞서기 위해 우리 모두는 연대를 구축해야 합니다. 그들은 우리가 무엇을 할 수 있는지 상상할 수 있게 도와줍니다. 무관심이라는 어두운 시대 가운데에서, 인류가 찬란히 빛날 수 있다는 가능성을 발견하도록 말이지요.

용기는 전염된다

시민적 용기라고 하는 것은 누군가의 행위를 보고 느끼는 존경과 경이로움에서 비롯된다고 생각합니다. 제가 진행했던 웁살라 대학교와 하버드 대학교의 강의에서는 특별한 손님을 초대하여 강의를 듣는 시간이 있었는데요. 그때 초대한 손님들이 들려준 자신의 삶에서 발휘한 용기에 관한 이야기를 듣고, 많은 학생은 그들의 행로에 동참하고 이들을 따라서 살겠다는 반응을 보였습니다. 저는 이를 통해 희망과 용기라고 하는 것은 두려움만큼이나 잘 전염되는 아주 강력한 것이라는 것을 알게 되었습니다. 우리는 이렇게 용기를 발휘했던 사람들에 대해 배우고 들음으로써 용기를 가질 수 있고, 그들이 삶에서 보여준 아름다움이 불러일으키는 반향을 통해서 또한 용기를 가질 수 있을 것입니다.

여러 절망적인 상황 앞에서 희망을 갖는 것이 어떻게 가능할까요? 저는 인류 역사에서 인간이 만들 수 있는 가장 위대한 형태의 고귀하고 아름다운 공동체들을 떠올려보려고 합니다. 우리는 세계 곳곳에서 벌어지고 있는 잔혹한 전쟁이나 폭력에 대해 얘기할 수 있고, 폭력에 저항하는 무수히 많은 영웅들의 이야기도 나눌 수 있습니다. 이러한 이야기를 주고받는 것은 수천 년 동안 인류 역사에 내려오는 전통입니다. 삶의 어떤 제약이나 억압으로부터 벗어나 이렇게 함께 모여서 집단적인 고민을 하고, 더 나은 삶을 모색하는 과정 자체가 민주 시민으로서 할 수 있는 가장 위대한 경험이 아닐까 생각합니다. 그래서 이러한 사회적인 문제에 대한 치열한 고민,

인간에 대한 경이로움, 보다 나은 세계에 대한 상상과 실천이 지속됨으로써 우리가 생각하는 공동선의 세계에 한 걸음 더 가까이 갈 수 있을 것입니다.

일상 속 작은 혁명을 도모하라!

"혁명의 목적이 무엇입니까? 그것은 분명 사람들을 행복하게 하자는 것입니다. 행복한 나날의 일이 없이는 행복이란 불가능한 것입니다."

– 윌리엄 모리스, 『에코토피아 뉴스』 중에서

우리는 흔히 역사의 흐름을 뒤흔들어버린 사건들, 그중에도 오늘날 긍정적인 평가를 받는 사건들을 혁명이라고 칭합니다. 물론 정치적 이념에 따라, 역사적 관점에 따라 논란이 많은 '혁명'도 있지만, 그 사건들이 역사의 큰 분기점임을 부정하긴 어렵습니다. 그러다 보니 혁명은 꼭 거대하고 폭발적이어야 할 것 같은 느낌을 줍니다. 그런데 혁명이 꼭 그런 것이어야만 할까요?

『홀로 함께』의 저자 정은귀 선생님은 '나만의 작은 혁명'에 관해 이야기합니다. 꼭 역사를 뒤흔들거나 장대하지 않아도, 내 삶의 분기점이 되는 그런 혁명도 충분하다는 것입니다. 정은귀 선생님은 시에 대해 "시는 늘 가장 구체적인 현실이고 가장 절박한 외침이며 생생한 역사이고 또 가장 날것의 느낌으로 다가오는 언어"라고 이야기하며 시의 언어에 관해 사유하고 질문하는 과정을 강조합니다. 내가 일상적으로 사용하는 언어에 관해 예민하게 사유하며 일상적이고 사소한 것들을 새롭게 바라보고 접근한다면, 이 또한 우리 일상의 작은 혁명을 가져오는 시작점이 되지 않을까요?

책에는 스스로 다짐 역시 거창해질 필요 없이 작은 문장으로 정리해볼 것을 권합니다. 나의 혁명을 무엇으로 채우고 싶은지 고민하는 과정에서, 언어에 관해 섬세하게 사유하고, 내 삶을 되돌아보며 작은 혁명을 일으키자는 것입니다. 청소년들이 무엇으로 일상에 작은 혁명을 일으키고자 하는지 고민하는 목소리를 읽으며, 각자의 삶에 작은 혁명을 무엇으로 구성하고 싶은지 함께 고민해주세요.

조예린(18세)

"저의 작은 혁명은 타협하지 않기, 영감 얻기, 그리고 휴식하기로 구성됩니다."

타협이란 간절하지 않음을 일종의 비겁한 방식으로 드러냅니다. 또한 타협의 주체에게는 왜 그리 쉽게 눈 감아버렸는가 하는 후회를 불러일으키기 마련입니다. 작은 혁명은 타협하지 않는 것에서 시작되어 큰 변화를 도모합니다. 영감을 얻는 것 또한 중요합니다. 영감을 얻는 행위는 우리가 주체적인 생각을 가지게 하고, 나아가 삶의 방향을 잡게 합니다. 끝과 또 다른 시작 사이에는 휴식이 필요합니다. 휴식은 지금까지를 되돌아보고 성찰할 기회와 앞으로 걸어 나갈 길을 잡는 중요한 과정이기 때문입니다.

이원준(18세)

"저의 작은 혁명은 찾고, 대화하고, 상상하는 것입니다."

같은 민주주의 사회를 살아가지만, 구성원들은 서로 다른 생각을 합니다. 동일한 사회현상에 대해 우리는 모두 각자의 정치적 시각을 통해 바라봅니다. 저 역시 저만의 시각이 있지만, 본인의 생각을 타인에게 강요하는 것 역시 민주주의에 어긋나는 행위라고 생각합니다. 다른 사람들은 어떠한 논리로 어떠한 주장을 펼치는지 알아보기 위해 뉴스 기사를 찾아보고, 친구들 사이에서도 다른 입장을 가진 친구와 대화하며 서로의 입장을 이해하려 애씁니다. 또한 내가 언론인이라면, 내가 정치인이라면 사회 공동선을 위해 이런 상황에서 어떤 자세를 취할지 상상해보는 것이 제가 일상생활에서 실천할 수 있는 민주주의를 지키는 혁명이라고 생각합니다.

현재 대한민국은 극단적으로 이분화되어 서로 공격하고 비난하고 있습니다. 이건 민주주의를 지키는 데 그 어떤 긍정적 효과도 가져오지 못합니다. 모두가 자신만의 작은 혁명을 찾고 이를 실천하는 것이 민주시민으로서 올바른 태도일 것입니다.

최준안(17세)

"저의 혁명은 글쓰기, 듣기, 상상하기로 이루어져 있습니다."

우리가 사회의 문제점에 순응하거나 무감각해지지 않기 위해 이 세 가지가 가장 중요하다고 생각하기 때문입니다. 사회에 적응하며 살아가는 것이 당연하지만, 그렇기 때문에 사회의 문제점을 인식하는 일이 쉽지 않습니다. 하지만 많은 사람이 피를 흘려 이루어낸 민주주의가 위기에 처했다는 사실을 깨달아야 합니다. 이를 해결하려면 먼저 온전한 나 자신을 갖추는 것이 중요합니다. 뚜렷한 자기 생각과 이에 걸맞는 태도를 가지며, '나'라는 존재를 믿을 수 있도록 성장하는 것이 무엇보다 우선입니다.

사회에 순응하는 부속품이 아니라 나 자신으로 존재할 때, 우리는 사회의 문제나 우리가 잃어버린 것들에 대해 더 깊이 생각할 수 있습니다. 이를 위해서는 글을 쓰고, 상상하고, 생각하며, 타인의 말에 쉽게 흔들리지 않을 나만의 관점을 확립하는 것이 중요합니다.

하지만 동시에 우리는 적극적으로 타인의 이야기를 듣는 태도도 가져야 합니다. 만약 우리가 타인의 이야기를 듣지 않고 자신의 주관만을 이야기한다면, 사회에는 화합이 이루어지지 않고 자신의 세계에 갇혀버린 사람들만 남게 될 것입니다. 더 넓은 시각을 가지기 위해 타인의 이야기를 듣고, 그들의 생각을 받아들이는 것이 중요합니다.

타인의 말에 쉽게 흔들리지 않는 주관을 가지면서도, 동시에 편협한 시각에서 벗어나 넓은 시야로 사회를 바라볼 수 있는 사람이 되는 것이 저만의 작은 혁명이라고 생각합니다.

김세원(16세)
"저의 작은 혁명은 뜨개질과 읽기, 보기로 구성되어 있습니다."

저는 '혁명'이란 단어가 그 대상이 무엇이든지 일깨우는 것이라고 생각했습니다. 단순한 일상이 반복되지만, 나를 일깨우는 것을 고민해보니, 뜨개질, 읽는 것, 그리고 의미 있는 것을 보는 것이라고 결론짓게 되었습니다. 꼭 특별한 것이 아니더라도 하루하루 실천할 수 있고, 이를 통해 내가 행복하고 또 뭔가를 새롭게 알아갈 수 있다면 그것이 바로 '작은 혁명'이 아닐까요? 작은 혁명을 통해서 바쁘고 힘겨운 날들 속에서도 진짜 나의 모습을 찾을 수 있길 바랍니다.

김루형(16세)

"저의 작은 혁명은 쓰기, 요리하기, 노래하기입니다."

글을 쓴다는 것은 나 자신을 성찰하고 인생에서의 꿈과 목표를 찾는 것을 넘어섭니다. 나의 글이 누군가에게 따뜻하게 다가가 선한 영향력을 행사하고 그 작은 영향력이 모여 아름다운 세계를 만들어 나가는 데 기여할 수 있다면, 그야말로 작지만 커다란 혁명 아닐까요?

요리는 힘들고 바쁜 삶 속에서 제게 잠시 편안함과 휴식과 행복을 주는, 하루하루를 살아갈 원동력 중 하나입니다. 또 『바람의 노래를 기억할게』에서 나온 것처럼 자신의 꿈과 삶을 자신만의 악기로 노래하는 건 타인에게 따뜻한 희망과 꿈을 주는 일인 것 같습니다.

최정원(15세)

"제 작은 혁명은 잠들기, 읽기, 그리고 실천하기입니다."

우리는 잠을 자며 꿈을 꿉니다. 꿈을 꾸는 동안 우리의 뇌는 휴식을 취하거나 생각을 정리합니다. 이 과정에서 기억할 것과 기억하지 않아도 되는 것이 구분되며 정리됩니다. 이렇게 하지 않으면 우리의 머릿속에는 사소하고 필요 없는 잡다한 생각들과 중요하고 기억해야 하는 생각들이 뒤섞여 중요한 것을 쉽게 잊어버리게 된다고 합니다. 잠을 자며 생각을 정리하고 기억을 구분하는 과정은 우리의 뇌를 한층 더 성장시켜줍니다.

책을 읽는다는 것 또한 우리 뇌의 활동을 늘릴 뿐만이 아니라 새로운 지식을 쌓아 자신만의 지식 세상을 만들 수 있게 합니다. 사고력을 늘릴 수 있을 뿐 아니라, 문해력과 독해력도 같이 성장합니다. 책에서 읽은 이야기에 나오는 작은 행동을 현실에서 실천해보면, 자신의 세상을 점점 더 크게 만들어 나갈 수 있을 것입니다.

김소율(15세)

"저의 작은 혁명은 읽기, 쓰기, 나누기입니다."

많은 혁명이 '읽기'로부터 시작됩니다. '읽는다'라는 것은 하나의 세계를 경험하고 그 너머를 볼 수 있는 새로운 눈을 가지는 것입니다. 우리는 책을 읽으면서 직접 보고, 듣고, 느끼지 못했던 것을 경험하고, 그것으로부터 새로운 것을 배우고 이해하게 됩니다. 그 과정에서 우리는 자신에게, 주변 사람들에게, 사회에게 질문을 던질 수 있을 것입니다.

하지만 '읽기'에서 끝나서는 안 됩니다. '읽기'를 통해 생각하고 고민하며 자신이 읽은 내용을 오로지 자신의 것으로 만드는 것이 중요합니다. 그 과정이 '글쓰기'입니다. 글을 쓰며 생각을 정리하고, 한 번 더 짚어보고, 나만의 문장으로 정리하다 보면 비로소 책 읽기를 마치게 됩니다. 책을 나의 입장에서 볼 때, 경험을 대입시키고 내 생각과 비교할 때 우리는 하나의 세계를 완전히 이해하게 됩니다. 그리고 자신의 질문에 대한 답을 찾을 수 있을 것입니다.

마지막은 '나누기'입니다. 열심히 읽고 정리해서 쓰기만 한다면 그것은 혁명이 될 수 없습니다. 우리가 읽고 쓴 것이 혁명이 되기 위해서는 그 의견을 다른 사람과 나누어야 합니다. 나의 질문과 내가 내린 답을 나누고, 다른 사람의 질문과 답을 듣는 것, 때로는 다른 사람의 질문 속에서 답을 찾기도 합니다. 질문은 계속해서 또 다른 질문을 낳습니다. 그럼 우리는 그 질문의 답을 찾기 위해서 또다시 책을 읽고, 글을 쓰고, 답을 나누며 새로운 답을 찾아가야 합니다. 그렇게 만들어 나가는 모든 작은 질문들이 매일 세상을 바꾸는 혁명입니다.

박혜민(18세)

"제게는 명상하기, 도전하기, 그리고 기록하기입니다."

저는 아무것도 하지 않고 가만히 사색에 잠겨 있는 시간이 거의 없습니다. 항상 바쁘게 이동하고 공부하거나 아니면 SNS을 하며 시간을 보냅니다. 하지만 최근 들어 계속 집중력이 떨어진다는 느낌을 받았습니다.

그래서 하루 24시간 중 단 5분이라도 잠시 아무 생각을 하지 않고 명상하며 마음의 평화를 찾는 것이 필요합니다. 초등학교 시절 담임 선생님께서 매일 하루 5분씩 명상하는 시간을 가지게 했는데요. 처음엔 5분이 너무 길게만 느껴졌지만, 계속하다 보니 복잡한 마음도 정리가 되고 정신이 맑아지는 느낌을 받았습니다. 지금은 바쁘다는 핑계로 실천하지 못했으나, 마음의 여유를 위해 매일 5분 동안 눈을 감고 깊게 호흡하는 시간을 가져보려 합니다.

또한 저는 새로운 것에 도전을 잘하지 못합니다. 항상 같은 음료만 먹고 사소한 것이라도 좋아하는 브랜드의 제품만 늘 사용하기도 합니다. 그래서 새로운 것을 선택하고 다양한 좌충우돌을 겪어보는 것이 제게 필요하다고 생각했습니다.

마지막으로 기록하기입니다. 요즘엔 사진을 몇 장 찍어 시간이 지난 후엔 사진첩에서 사진을 보며 기억을 회상하곤 합니다. 그러나 그날의 생각과 감정은 사진만으로는 추억할 수 없습니다. 그래서 저는 글로 매일매일 꾸준히 기록하는 습관을 가지려고 합니다. 사실 저는 글쓰기를 굉장히 어려워하는 사람 중 하나입니다. 그래서 글쓰기를 피하려고 하기도 했지만, 어떤 상황에서 내가 느끼는 감정과 생각을 타인에게 완벽히 전하려고 한다면 글로 정확하게 표현하는 게 무엇보다도 중요하다고 생각했습니다.

사회적 측면에서도 기록은 정말 중요합니다. 어떻게 기록했는지에 따라 받아들여지는 게 천차만별이기 때문에 더 신중하게 생각해보아야 합니다. 우리나라 최초로 노벨문학상을 수상하신 한강 작가의 『소년이 온다』도 이를 보여줍니다. 1980년 5·18 민주화운동은 역사적 기록도 있지만, 이를 문학으로 남겨 그 순간, 그 공간에 있는 사람을 생각할 수 있고, 더 오래오래 그 역사를 회상할 것이며 다시는 이러한 비극적 역사가 반복되지 않도록 할 것입니다. 『안네의 일기』 역시 마찬가지입니다. 어쩌면 개인적으로 쓰는 글이나 일기가 미래에 큰 영향을 줄 수도 있습니다. 그래서 저는 사소하지만, 중요한 작은 혁명이라고 생각합니다.

배호은(19세)

혁명이라는 단어는 무언가 장대한 목적을 가지고 있어야 할 것 같고, 당장이라도 급진적으로 행동해야 할 것만 같은 느낌을 줍니다. 그렇다면 '작은'이라는 수식을 붙인 혁명은 어떨까요? 작은 혁명이라는 단어에는 지극히 일상적인 삶을 변화시키기 위해 다짐하던 행동들이 떠오릅니다.

"이 나이면 공부만 해야 하지 않겠니"라는 말을 듣고 사회적인 분위기에 휩쓸리지 않고, 여전히 좋아하는 것들을 놓지 않으며 꾸준히 도전하는 사람이 되겠다고 결심했습니다. 하지만 그 다짐은 곧 흩어졌습니다. 모두가 공부에 열을 올리고 하루 종일 책상에서 시간을 보내는 모습은 제게 일종의 압박이 되었고, 어느새 똑같은 모습이 되어가고 있는 저를 발견할 수 있었습니다. 현재 내게 일어나는 사건을 대부분 공부라는 하나의 잣대에서만 판단하려고 하고, 마치 공부가 다른 현실들을 외면할 수 있는 핑계가 되는 듯 굴며, 미래를 위해 현재에 전력을 다해야 한다는 불안과 두려움만 쌓이는 것 같습니다.

그럴 때마다 저는 자주 제가 썼던 이야기들로 돌아가 보고, 또 다른 이야기들을 써보려고 합니다. 제 작은 혁명을 구성하고 있는 가장 깊은 뿌리는 글쓰기이기 때문입니다. 지나치기 쉬운 것들을 놓치지 않고 기록하여 재인지하고, 잊어서는 안 되는 가치들 또한 기록함으로써 오래 기억하게 하는 것이 바로 글쓰기라고 생각합니다. 그렇기에 글쓰기는 나를 바꾸는 작은 혁명이 되기도, 누군가를 바꾸는 작은 혁명의 불씨가 되어 번지기도 합니다. 3년 전 다시 일기를 쓰기 시작했을 때, 첫 문장을 기억합니다. "솔직함을 표현하고 싶어 적는 문장들이 변질되지 않기를 원한다." 현실에서 감추어진 것들을 찾아 글로 고백하고, 사회에서 미처 드러내지 못하는 것들, 자유롭게, 사람답게 살아감에 꼭 필요한 관점과 비판에 대해 목소리 내기 위해 글을 쓴다는 것, 그렇게 작은 혁명을 시작할 수 있다고 믿습니다.

🔍 **함께 읽어볼 책**

- 『사자왕 형제의 모험』 아스트리드 린드그렌 지음, 김경희 옮김, 창비, 2025
- 『아름다움을 만드는 일』 윌리엄 모리스 지음, 정소영 옮김, 온다프레스, 2021
- 『홀로 함께』 정은귀 지음, 민음사, 2024

너의 이야기를
발명하라 — 6

생태·환경

데이먼 가뮤(Damon Gameau)
호주 영화 감독/배우, 『2040』 저자

어떻게 하면 우리의 미래를 지켜낼 수 있는가?

· 데이먼 가뮤

저는 영화감독이자 배우 데이먼 가뮤라고 합니다. 호주에서 활동하고 있어 여러분에게 잘 알려진 작품은 없지만, 2019년에 제작한 다큐멘터리 영화 〈2040〉으로 한국 청소년들을 만날 기회가 있었습니다. 당시 코로나19로 직접 대면하진 못했지만, 온라인으로나마 함께 모여 영화를 보고 이야기를 나눌 수 있어 기뻤습니다.

제가 영화 〈2040〉을 만든 이유는 당시 두 살이었던 제 딸의 미래에 대해 아빠로서 불안을 느꼈기 때문입니다. 미디어에서 보여주는 것들은 불안함을 느끼기 충분했습니다. 플라스틱 쓰레기가 넘쳐난다든지, 기후 변화가 심각하다든지, 북극곰이 죽는다든지 하는 이야기들 말이지요. 하지만 해결책은 전혀 제시되지 않았습니다. 딸에게 나쁜 이야기만 해줄 수 없다고 생각했고, 무엇을 할 수 있을까 고민하며 1년 동안 조사하고 사람들을 만나 해결책을 모색하는 과정을 통해서 영화를 만들었습니다. 저 자신이 그랬듯이, 영화를 통해 행동의 변화를 어떻게 하면 만들 수 있고, 그 행동의 변화를 통해 어떤 세상을 만들 수 있을지에 대한 비전을 많은 사람들에게 주고 싶었습니다.

새로운 미래를 위해 새로운 상상력이 필요하다

영화 〈2040〉은 20년 후에 우리가 맞이할 미래가 부정적이고 절망적이지 않기 위해 어떤 선택을 해야 하는지에 대한 창조적 실천들을 수집한 다큐멘터리입니다. 제가 영화를 만들면서 가장 먼저 만났던 사람들은 환경심리학자들이었습니다. 그분들이 제게 들려준 이야기 중 가장 기억에 남는 것은 인간이 불안이나 절망과 관련된 이야기들을 계속 들으면 대뇌피질을 비롯한 뇌의 상당 부분이 문을 닫아버린다는 사실입니다. 즉, 부정적인 이야기를 많이 들으면 창의력이 떨어지고, 새로운 미래를 생각할 수 있는 가능성 자체가 차단된다는 것이지요. 자연환경의 나쁜 점만 보면 우리 뇌의 메커니즘 자체가 악순환을 반복하게 된다는 것입니다. 인간은 본능적으로 희망의 메시지가 필요합니다. 그래서 저는 완전히 새로운 형식의 미래를 볼 수 있는 희망의 이야기를 만들어야 한다고 생각했습니다.

제가 〈2040〉 영화를 만들게 된 여러 가지 동기 중 하나는 기후변화에 대한 진실을 사람들에게 설득하고 싶다는 마음이었습니다. 사람들은 사실에 의해 설득이 된다고 대부분 말을 합니다만, 저는 사람들이 스토리텔링을 통해 상상력을 충분히 자극받을 때 이해를 더 잘 한다고 생각합니다. 저는 상상력이 사라진 이 시대에 사람들에게 더 나은 삶이 가능할 수 있다는 사실을 반드시 보여줘야 하겠다고 마음을 먹었습니다. 그래서 자원을 좀 덜 쓰고, 덜 바쁘게 살아도 충분히 더 나은 삶이 가능하다는 사실을 최대한 효과적으로 영화에 담았습니다. 그래서 데이터 등의 사실 정보를 전달하기보다, 컴퓨터 그래픽으로 더 나은 삶의 모습을 구현했고, 사람들이 충분한 흥미를 가져 새로운 삶이 가능하다는 상상력을 유발하고자 했습니다.

제가 영화를 통해서 여러분께 들려주고 싶었던 또 하나의 메시지는, 사실은 기후변화라고 하는 것이 어떤 문제가 아니라 그저 증상에 불과하다는 점입니다. 기후변화는 토양이나 삼림이 파괴되는 문제, 화학약품을 쓰는 문제, 또 바다에 버려지는 플라스틱 쓰레기 문제 등이 복합적으로 연결되어 있습니다. 그래서 우리가 그 문제를 해결하기 위해서는 기후변화에만 집중할 것이 아니라, 에너지, 운송, 농업 등의 많은 문제를 총체적으로 보는 시각이 필요합니다. 이 모든 문제를 해결할 수 있는 단 하나의 묘책은 사실 존재하지 않습니다. 구조를 봐야 하고, 우리가 자원을 어떻게 소비하고 있는지 보아야 합니다. 예를 들어 지구가 우리에게 제공해주는 자원을 500억이라고 본다면, 우리가 그 두 배에 달하는 1000억이 넘는 에너지를 소비하고 있다는 사실을 알 필요가 있습니다. 그것이 바로 기후변화의 원인입니다. 삶의 변화가 필요한 부분이지요. 재생에너지에 투자하는 것만으로 기후변화를 해결할 수 없습니다.

제가 영화와 책을 세상에 내놓은 지 5년이 넘었습니다. 유럽이나 뉴질랜드, 미국 등지의 많은 사람들에게 호평을 받기도 했습니다만, 제가 영화와 책을 통해 꼭 해내고 싶은 것은 공동체의 변화를 일으키는 것입니다. 실제로 몇몇 공동체에서 해결책을 만들고자 하는 시도를 직접 하고 있습니다. 저는 이 운동을 이어가기 위해 홈페이지(whatsyour2040.com)를 만들었습니다. 이곳에 방문하는 사람들에게 개인의 관심사, 자신이 가지고 있는 열정 등을 물어보고, 그들이 실제로 행할 수 있는 해결책, 도움이 될 수 있는 방법을 제공하고 있습니다.

저는 그러한 변화가 엄청난 에너지를 갖고 있다고 생각합니다. 영화에 담았듯이 탄소를 저장하고 바다를 정화하며 식량까지 제공하는 해조류를 만드는 데에 사람들이 투자하기 시작했고요. 또 지역 주민을 전기를 소비하는 수동적인 역할에서 전기를 생산하고 공유하는 적극적인 역할로 바꾸어주는 '마이크로에너지'에도 많은 사람이 투자하기 시작해 현재 33개의 새로운 마을로 확장되었습니다. 농업에 종사하는 분들을 재교육하는 일이나, 학생들에게 교육자료로 이 영화가 실제로 사용되는 등 긍정적인 변화들이 실제로 일어나고 있습니다. 저는 정말 많은 사람이 열정을 갖고 있으며, 실제로 기회가 주어졌을 때 얼마나 변화를 만들고자 열망하는지를 직접 눈으로 보았습니다.

무기력을 넘어 할 수 있는 일을 하라

사람들은 이제 절망과 무기력의 이야기들에는 지긋지긋해합니다. 인간으로서 우리가 서로 맺고 있는 관계, 자연과 맺고 있는 관계를 새롭게 이야기하고 정립하는 시도들을 더욱 긍정적으로 받아들이고 있습니다. 우리는 전염병이나 독재 정권 등이 마구 출몰하며 민주주의가 굉장히 불안한 시대에 살고 있는데, 그에 걸맞은 새로운 모델을 구상하는 것이 필요하고, 이미 다양한 시도들이 일어나고 있다는 사실을 말씀드리고 싶습니다.

새로운 세대들은 이 모든 문제가 조금 부담스럽게 느껴질 수 있을 것 같습니다. 하지만 주류 미디어나 SNS가 다루는 여러 가지 이야기는 우리로 하여금 희망을 잃어버리게 만든다는 사실을 알아야 합니다. 실제로 좋은 일을 하는 사람들은 그림자에 가려져 있는 경우가 훨씬 많습니다. 그들은 주류 미디어에서 벗어나 새로운 이야기를 만들고 있기 때문입니다. 실제 현실에서는 위대한 생태적인 변화가 일어나고 있습니다. 똑같은 이야기만 반복하는 주류 미디어로부터 눈을 조금 돌린다면 새로운 세계가 보일 것입니다.

변화를 만드는 작은 실천

이미 변화는 일어나고 있습니다. 가장 눈에 띄는 예시로는 금융권의 거대한 자금이 실제로 굉장히 빠르게 움직이고 있다는 사실을 들 수 있습니다. 더 이상 화석연료와 관련된 투자가 일어나지 않고, 세계 최대 석유회사도 자산의 절반을 2030년까지 재생에너지에 투자하겠다고 발표했습니다. 코로나 이후로 석유 에너지 사용이 줄어든 요인도 없지는 않겠지만, 중요한 순간을 맞이하고 있다는 사실을 알 수 있습니다. 더 이상 사람들이 과거로 돌아가고 싶지 않다고 생각하는 것도 중요한 지점입니다. 점점 많은 사람들

이 조금 더 스마트한 자세로 우리가 가꿔야 할 녹색의 세계로 나아가야 한다는 이야기에 동참하고 있습니다.

인간은 사회적 동물이기 때문에 무엇을 공유할 것이냐에 따라서 길이 정해진다고 생각합니다. 선형적인 방식이 아니라 아주 복합적이고 다양한 방식으로 우리의 그런 욕망과 바람과 희망들이 쌓이고 쌓여서 큰 변화가 만들어집니다. 그러므로 어렵지 않게 사람들을 설득할 수 있는 시대가 곧 올 것입니다.

한 가지 주의할 점은 완벽한 나라나 예시는 없다는 사실입니다. 제가 살고 있는 호주 같은 경우에는 그 어떤 변화도 만들어내지 않는 최악의 국가 중 하나입니다. 정치나 사회에 변화가 전혀 일어나고 있지 않거든요. 가장 이상적이라고 할 수 있는 곳은 북유럽 스칸디나비아 국가들입니다. 영화에도 담았는데, 음식 쓰레기를 새로운 에너지로 전환해 사회적으로 활용한 스웨덴의 사례가 있었습니다. 그런 기술보다 더 중요한 것은 새로운 시도를 하는 도시 혹은 국가의 시민들이 자연에 대한 이해를 조금 다르게 갖고 있다는 것입니다. 그 사람들은 자연을 정말 중요하게 생각합니다. 그렇기 때문에 쓰레기도 버리지 않으려고 애쓰고, 자전거를 타고자 노력합니다. 자연을 소중히 여기는 인식의 변화는 실질적인 사회의 변화를 가져오기 마련입니다. 바로 이 지점이 가장 중요합니다.

현실에 기반하여 꿈꾸기(Fact based dreaming)

저는 이야기가 전부라고 믿는 사람입니다. 수천 년 전의 이야기들을 살펴보지요. 지구를 보호하는 것과 관련해서도 충분히 의미 있는 이야기들이 많이 있습니다. 호주에 살고 있는 원주민들의 경우에는 스스로를 땅의 수호자라고 칭했고, 중국의 고대의 문헌들을 보면 인간은 이 땅에 잠시 거주하는 손님이라는 이야기가 있습니다. 이런 이야기가 가득한 세상에서 인간은 자연을 지키고 보호하는 존재였습니다.

하지만 지금 우리의 이야기는 어떻습니까? 인간이 자연을 지배하고 착취할 수 있다는 이야기들이 넘쳐납니다. 제가 영화를 만든 이유는 아이들에게 자연에 대한 사랑과 생명 감수성이 넘치는 관계의 이야기를 새롭게 들려주고 싶었기 때문입니다. 저는 더 많은 가수와 시인, 음악가, 영화감독 등 예술가들이 자연과 생명의 이야기를 노래하면 좋겠습니다. 우리에게는 더 나은 이야기, 더 나은 서사가 필요합니다.

우리는 전환 과정에 있고, 변화는 당장 일어나지 않을 수도 있습니다. 시스템은 바뀌어가야겠지만 우리 삶의 중요한 요소들을 지켜내고자 하는 노력 또한 중요할 것 같습니다. 예컨대 소득 불평등 문제를 해결한다는 명목으로 생태환경 문제를 일으켜서는 안 되는 것입니다.

저는 아마 두 세대쯤 지나고 나면 크게 바뀌어갈 것이고, 이미 생각의 변화는 시작됐다고 생각합니다. 말하자면 점유하고, 독점하고, 위계를 갖고 하는 사람들이 많이 줄었다는 것입니다. 예를 들면, 타이완에서 진행되고 있는 디지털 민주주의나 마이크로에너지 공유를 볼 때, 기존의 자본주의 문화가 갖고 있었던 착취나 독점의 형태가 아닌 공유의 형태를 띠고 있음을 알 수 있습니다. 지구 곳곳에서는 자동차를 공유하는 걸 넘어서서 토스트 기계, 잔디 깎는 기계마저도 공유하는 관점으로 바뀌는 중입니다. 다만 그 변화가 천천히 이루어지고 있다는 사실, 또 우리가 그 변화를 이루어 내기 위해서는 아주 힘든 과정을 거쳐야 한다는 사실을 알아야 합니다. 지금의 자본주의 모델이 이 지구에, 인간에게 지속가능하지 않다는 것에 이미 대부분 공감하고 있기 때문에 60, 70년 더 멀리는 100년 이후의 세계를 완전히 새롭게 디자인하는 시도들은 끊임없이 이어질 것입니다.

희망은 우리 손에서 시작합니다

영국의 문화비평가 레이먼드 윌리엄스의 말을 인용하며 마무리하고 싶습니다. "진정으로 급진적인 것은 절망을 확신케 하는 것이 아니라 희망을 가능한 것으로 만들어가는 것이다." 여러분, 낙관을 통해서 새로운 변화를 만들어낼 수 있다는 믿음을 가지십시오. 우리는 분명히 할 수 있습니다. 그 길은 굉장히 어렵고 지난하고 먼 길일 것입니다. 하지만 서로 소통하고 생각을 공유하는 과정을 절대 포기하지 마십시오.

청년, 청소년 세대에게 앞으로 무수히 많은 가능성이 열려 있다는 이야기를 꼭 하고 싶습니다. 지금 우리가 맞이하는 이 순간은 인류 역사에서 전례 없이 놀라울 만큼 위대한 기회라고도 볼 수 있습니다. 우리의 시각 자체를 새롭게 만든다면 앞으로 수십 년 미래의 일마저도 무기력한 대응이 아니라 긍정적이고 희망적이고 즐거운 고민으로 할 수 있을 것이고, 실제로 그 고민을 정말 놀라운 기술과 실천으로 실현하고 있는 사람들이 많다는 사실도 꼭 기억해주세요. 여러분은 어떤 미래를 만들고 싶나요? 여러분이 갖고 있는 가장 좋은 이야기들을 서로 많이 나누고자 노력하면 좋겠습니다.

지구를 지키는 생태시민이 되는 법

2000년대 초, 노벨화학상 수상자인 파울 크루첸과 생물학자 유진 스토머는 '인류세(Anthropocene)'라는 개념을 새롭게 제안합니다. 최초의 원자폭탄이 지구에 떨어진 1950년대 이후를 가리키는 이 단어는, 기후변화와 생물 다양성 감소를 비롯해 대기와 해양의 오염 같은 인간 활동의 결과가 지질학적인 증거로 남게 된 시기를 의미합니다. 인류가 만들어낸 시대, 우리는 앞으로 무엇을 남기게 될까요? 인류세의 가장 큰 특징은 빠르고 광범위한 멸종입니다. 지구 온도 및 해수면이 상승하는 등 전 지구적인 위기로 인해 멸종위기종의 비율이 빠르게 늘어나고 있습니다. 물론 당연히 인간도 예외는 아닐 것입니다. 우리는 지구에서 있었던 지난 5차례의 대멸종을 통해 정말 배운 것이 없을까요?

현재 우리는 '인류세(Anthropocene)'라는 새로운 지질 시대의 출발을 앞두고 있습니다. 인류세라는 명명은, 지금까지 없었던 새로운 지질 시대를 열게 할 정도로 인간이라는 존재의 영향력이 대단하다는 사실을 새삼 느끼게 합니다. 인류세를 살아갈 우리에게 요구되는 자세는 일상적인 삶과 행동이 지구 생태계에 막대한 영향을 줄 수 있다는 책임의식을 갖는 것입니다. 이 책을 읽는 모두가 동물과 동반하며 인류세를 살아가는 생태시민으로 거듭나면 좋겠습니다.
— 한준호 외, 『생태시민을 위한 동물지리와 환경이야기』, 7쪽, 롤러코스터

우리에게 필요한 자세는 지구의 일원으로 책임감을 갖고, 동물과 동반하여 살아가는 태도입니다. 그러나 지금까지 인간은 동물이 필요할 때만 '온전한 자리(in place)'에 있게 하고, 더 이상 필요가 없으면 '함께할 수 없는 존재(out of place)'로 간주했습니다. 인간의 필요에 따라 유입되었다가 생태계에 악영향을 끼치는 외래종으로 지정되어 폐기되는 사례는 우리나라에도 흔합니다. 생태 환경은

한번 파괴되면 회복하는 데 막대한 사회적 비용과 긴 시간이 필요하다는 사실을 잊지 말아야 할 것입니다. 그렇다면 다른 생명과 공존하기 위해서는 어떤 노력이 필요할까요?

우리가 지키고 싶은 생명들

박성빈(15세)

일상생활에서 만나는 많은 동물 중 벌을 떠올려봅니다. 벌에 쏘이면 아프고, 소리도 크게 내며, 무섭다는 이유로 생태의 수평적 다양성으로부터 지켜야 한다는 생각이 별로 없습니다. 그러나 벌이 사라지면 지구가 멸망할 수도 있다는 사실을 아시나요? 벌은 모든 식물의 수분을 도와주고, 인간의 식량인 꿀을 제공합니다. 그러나 인간에 의한 기후변화로 개체 수가 줄어들고 있고, 다양한 위험에 노출되어 있습니다. 이런 상황에서도 인간은 벌을 보기만 하면 잡거나, 벌집은 신고로 제거되기도 합니다. 벌과 함께 살아가려면, 벌을 무작정 싫어하지 말고 벌의 생태를 지켜야 한다는 마음을 가져야 합니다.

최정원(14세)

곰은 호랑이와 더불어 우리 민족의 모신과 같은 존재로, 선조들은 신화에서 곰을 민족의 어머니로 받아들였습니다. 그러나 일제강점기에 조선총독부에서 한반도의 대형 야생동물은 인간의 생명과 재산에 피해를 끼친다며 대규모 제거 사업을 실시해, 반달가슴곰도 대부분 사라지고 말았습니다. 해방 이후에도 웅담을 찾는 사람들의 욕심 때문에 얼마 남지 않았던 야생곰마저 사라졌지요. 야생곰을 지켜야 했던 정부는 농가 소득 증대를 위해 사육곰 문제를 방조하기도 했습니다.

다행히 야생 반달가슴곰이 멸종위기에 몰리자, 관심과 지원이 시작되었습니다. 보신 문화도 개선되었고, 곰의 수출입이 금지되기도 했지요. 2004년부터는 러시아에서 반달가슴곰 6마리를 들여와 방사하면서, 복원사업을 진행해 다양한 민간 단체와 함께 보전 활동을 이어왔습니다. 그 후 2023년 12월 말 지리산 등지에 80~90마리의 반달가슴곰이 우리 자연에 잘 적응하여 사는 것을 확인할 수 있었습니다.

하지만 반달가슴곰은 여전히 올무에 걸려 죽고, 통신기 배터리 교체를 하겠다고 포획하는 도중 사고가 발생하는 등 고초를 겪고 있습니다. 정책을 바꿔야 한다고 말해도 달라진 건 없지요. 개체 수가 증가했다고 거기서 끝이 아닙니다. 또 다른 문제를 해결할 방안을 정부에서 앞서서 제공하고 시민들도 따라야 한다고 생각합니다.

이정원(14세)

산호는 사실 처음부터 동물로 분류되지 않았습니다. 18세기까지만 해도 광물로 분류가 되었죠. 하지만 산호는 엄연히 입과 위장이 있고 알까지 낳는 동물로, 현재는 자포동물로 분류됩니다. 산호는 얕은 바다에서 햇빛을 받으며 이산화탄소를 얻어 산소로 바꿉니다. 23℃에서 29℃에서 잘 자라죠. 우리는 산호에 대해 배운 적이 없어 잘 모르지만, 그 종류가 6,000종에 이를 정도로 다양하며 저마다 생김새가 다릅니다. 현재 산호는 수온이 높아 생겨나는 백화현상으로 고통받고 있습니다.

백화현상이 발생하면 스트레스를 받아 스스로 보호하기 위해 독성물질을 생산하고, 공생하던 조류들을 밀쳐내게 됩니다. 그로 인해 산호 역시 제대로 영양소 섭취를 하지 못해서 굶어 죽어가죠. 알록달록 여러 색을 띠던 산호들은 결국, 하얀색으로 말라갑니다. 또한 바다의 이산화탄소량이 많아지면 수소 이온 농도 지수가 떨어져 산성화가 나타납니다. 바닷물이 산성화될수록 산호가 골격을 만드는 데 사용하는 중탄산 이온이 작아져 골격이 약해지고 산호가 무너질 수도 있다고 합니다. 계속하여 기온이 올라가 더위에 약한 해초가 살아갈 수 있는 곳들이 점점 줄기 때문에 전문가들은 이대로라면 산호가 10년 안으로 멸종할 수도 있다고 경고합니다. 산호는 우리에게 이산화탄소 문제를 해결해주는 고마운 존재이고, 시각적인 아름다움을 주기도 하는 등 도움이 되는 존재입니다. 그러니 우리는 지구온난화 과속을 막아 반드시 산호를 지켜야 합니다.

동물은 인간의 삶을 위해 존재하지 않는다

권준희(16세)

오늘날 돼지의 전 세계 사육 두수는 9억 7천 마리가 넘습니다. 그만큼 사람들이 돼지고기를 많이 소비한다는 것입니다. 돼지고기의 인기는 과거부터 끝없이 이어지고 있습니다. 과학은 눈부시게 발전하고 있지만, 가축의 사육 환경은 오히려 악화하고 있는 것이 사실입니다. 좁은 틀에 갇혀 사는 돼지들은 차라리 몇백 년 전으로 돌아가고 싶을 것입니다.

부유해질수록 본인이 소비하는 것에 대한 책임감도 커져야 하는데, 이런 부분은 퇴보하고 있는 현실에서, 저는 우리가 '소비하는 것'에 더 많은 반성이 있어야 한다고 생각합니다. 지금 우리는 '소비'라는 개념을 일회성으로 쓰고 있습니다. 옷, 사치품뿐 아니라 음식에서도 말이죠. 고기를 너무나 쉽게 구할 수 있기에, 한 생명체의 삶을 앗은 대가로 고기를 얻은 것이라는 사실을 망각하는 것 같습니다. 저는 이러한 인식이 바뀌고 자신이 쉽게 얻은 것조차 소중히 대하는 마음가짐이 당연해지는 세상을 꿈꿉니다.

윤정서(16세)

현대인이 가장 많이 접하게 되는 동물은 닭, 돼지, 소 같은 가축들이지만, 실제 그 동물들을 만날 기회는 잘 없습니다. 그들은 비상식적인 방법으로 사육되고 있기 때문입니다. 수요가 많다 보니 아주 작은 케이지에 많은 동물을 넣어 키웁니다. 이러면 생산력은 높아질지 모르지만, 동물에게 극심한 고통을 주게 됩니다. 우리가 동물과 어울려 사는 생태시민이 되기 위해서는 수요가 줄어들도록 육식보다 채식을 선택하고 동물복지가 붙은 상품을 사야 합니다. 또 무분별한 동물 학대를 금지하는 법을 만들고, 불법적으로 동물을 수출, 수입하는 사람들을 처벌해야 합니다.

김루형(15세)

우리가 먹는 달걀은 비교적 넓은 공간에서 사육된 닭이 낳는 동물복지 달걀과 A4 사이즈의 케이지에서 키운 닭이 낳은 달걀로 크게 나눌 수 있습니다. 좁은 케이지에서 사육된 닭은 발도 제대로

딛지 못하고 움직이지도 못한 채 많은 스트레스를 받으며 알을 낳다가 죽습니다. 우리는 그런 닭들이 낳은 알을 먹고 있는 것인데요. 닭들이 고통받지 않기 위해, 달걀을 줄일 수 없다면 최소한 동물복지 달걀을 구매해야 하지 않을까요? 그러면 케이지 사육은 점점 줄어들고 우리 역시 더욱 건강한 달걀을 먹을 수 있을 것입니다.

김재영(18세)

실험당하는 동물들, 축산업으로 학대당하는 동물뿐 아니라 어쩌면 반려견 역시 인간 중심의 사육을 받고 있다고 생각합니다. 예를 들어 "손" 했을 때, 손을 안 주는 등 '인간의 언어'를 못 알아듣거나, 지정한 장소에 배변을 못 가리면 학대당하거나 유기될 수도 있습니다. 이 또한 동물을 있는 그대로 이해하는 생명 감수성을 기르지 못했다고 볼 수 있습니다. 꼭 생명에 필요한 경우가 아니라면 인간의 삶의 기준에 동물을 끼워 맞추는 일이 없어야겠습니다.

도시에서 함께 살아가려면

이소원(14세)

요즘의 아파트 단지에는 대부분 화단이 있습니다. 가끔 작은 설치류도 보이고 산에서 내려왔는지 한 번은 족제비도 본 적이 있습니다. 하지만 아파트는 좁고 먹이도 없는 데다가 차량이 많이 오가므로 동물들에게는 위험합니다. 심지어 아파트의 담장은 높고 입구도 복잡해서 마음대로 나갈 수도 없지요. 그런 동물들을 위해 뒷산으로 이어지는 통로를 만들어주면 안전하게 산으로 돌아갈 수 있지 않을까요? 지금 당장은 설치류를 위한 견과류나 물을 놓아주는 것도 좋을 것 같습니다.

하세범(16세)

일상생활에서도 우리는 조류, 특히 비둘기나 참새를 쉽게 만날 수 있습니다. 건조한 날, 새들도 목이 마르니 그릇 같은 데에 물을 놓아 밖에 두면 새들이 마실 수 있을 것입니다. 그리고 공원에도 새가 물을 쓸 수 있도록 만들어둔다면 도시에서도 우리는 서로 어울려 살아갈 수 있을 것입니다.

하수민(16세)

　라면을 비롯해 과자 등 다양한 음식을 만들기 위해 사용하는 팜유는 동물들이 사는 숲을 없애고 거기서 농사를 지어 얻는다고 합니다. 그 과정에서 많은 동물이 서식지를 잃게 됩니다. 이런 사실을 주변에 알리고 라면 등 팜유를 이용한 음식들을 덜 먹는 노력이 필요합니다.

장희원(16세)

　우리 아파트에 작은 인공 호수가 있는데요. 잉어와 거북이 조금 삽니다. 그런데 원래 거북은 없었거든요. 어느 날부턴가 한 마리씩 생기더니 벌써 세 마리가 되었습니다. 알고 보니 거북을 집에서 키우던 사람들이 더 이상 키울 여건이 안 되자, 아파트 호수에 그냥 풀어둔 것이었습니다. 그 사실을 알고 나서 여러 생각이 들었습니다. '우리 아파트 호수가 그렇게 깨끗한 편이 아닌데? 만약 거북들이 적응하지 못했다면 그 책임은 누가 지는 걸까? 거북을 이렇게 아무 데나 방류해도 되는 걸까?' 다행히 거북들은 잘 적응했지만, 이런 사례는 다른 곳에서도 찾아볼 수 있습니다.

　황소개구리는 외래종으로 지금은 제거해야 할 위험 대상이지만, 처음엔 인간의 필요에 의해 우리나라에 들여왔습니다. 다른 동물 역시 인간에 의해 들여왔다가 필요 없는 존재로 전락하게 된 경우가 많습니다. 지금까지 인간은 동물을 도구처럼 생각하거나, 무관심한 태도로 대했습니다. 이제는 공존에 좀더 초점을 맞추어야 하는 때가 왔습니다. 인간이 동물을 이용하거나 지배하는 게 아니라 지구에 함께 사는 존재라는 생각과 태도를 길러야 한다고 생각합니다.

최정원(14세)

우리 집은 산에 있습니다. 봄이나 가을이 되면 등산을 하러 사람이 많이 옵니다. 가끔 산책하러 나가면 그분들이 버린 쓰레기가 보입니다. 쓰레기를 까마귀나 고양이가 뜯는 장면을 볼 때면 기분이 좋지 않습니다. 그래서 저는 산책을 할 때 봉지와 장갑을 항상 가지고 다닙니다. 걷다가 쓰레기가 보이면 주변 쓰레기통에 넣거나 봉지에 넣어 나중에 다시 버립니다. 그런 노력을 6개월 정도 한 것 같아요. 어느 날 저처럼 쓰레기를 줍는 분을 봤습니다. 제가 하는 걸 보셨는지는 알 수 없었지만, 나의 행동이 다른 사람에게 영향을 미친다면 정말 큰 변화를 이룰 수 있겠다는 생각이 들었습니다. 작고 하찮게 여기는 행동이 모여 하나의 큰 결과를 만들 수 있도록, 모두 작은 노력을 계속 실천해봅시다.

김소율(14세)

지구의 복잡하고 아름다운 생태계는 인간의 이기적인 욕심으로 많이 파괴되었습니다. 많은 동물이 멸종했지요. 이제는 생태계를 존중하고 보호해야 하는 때입니다. '생태계'라는 말은 거창해 보이지만, 우리 주변의 길고양이, 콩벌레같이 흔한 생명도 모두 보호하고 함께 살아가야 할 생태계의 일부입니다. 그중에서도 저는 지렁이에 대해 생각해보았는데요. 지렁이는 땅속을 누비며 영양분이 풍부한 땅을 만들어줍니다. 그러나 많은 사람은 징그럽다며 지렁이를 일부러 밟아 죽이기도 하고, 도시에 흙이 부족해 비가 오면 바깥으로 나왔던 지렁이가 금세 말라죽기도 합니다. 우리는 비옥한 땅을 만들어주는 지렁이에게 감사해야 하고, 그들을 보호할 방법도 고민해봐야 합니다. 생태계를 지키는 것은 전문가나 어른들만의 일이 아니라, 우리 같은 청소년도 생태에 대해 관심을 가지고 고민을 해야 합니다.

생태 시민에게 요구되는 자세

최준안(16세)

첫 번째로 인간이 더 우월하다는 생각을 개선해야 합니다. 바퀴

벌레보다 생명력이 끈질기지도 않고 거북이처럼 수명이 길지도 않습니다. 우리가 사유하고 이성을 가지고 있다는 사실은 우월하다는 뜻이 아니라 인간종의 한 가지 특성일 뿐입니다. 나아가 그들은 우리와 같이 고통을 느끼는 생명체입니다. 그 사실을 잊지 않는 것이 우리가 생태시민이 될 수 있는 길입니다.

홍나현(16세)

인간과 함께 살아가는 생물의 권리를 인정하고 살펴야 한다고 생각합니다. 인간은 눈앞의 이익만 셈하는 데 익숙해졌습니다. 이런 태도를 고치려면, 우리가 우월하다는 생각을 버리고, 생태계의 위기를 신경 써야 합니다. 결국 모든 생명은 연결되어 있기에, 지금 생태계가 인간으로 인해 겪고 있는 고통은 우리에게 다시 돌아올 것이란 사실을 깨달아야 합니다.

김가언(15세)

동물에 더 적극적인 관심을 가져야겠다고 생각했습니다. 동물 실험이나 로드킬처럼 인간이 일으킨 사건에 대해 다시 한번 고민해야 합니다. 또 생태통로와 같이 지구에서 동물과 인간이 함께할 수 있는 환경적 아이디어를 만들기 위해서도 우선 동물에 관심을 갖고 자세히 알아보는 것이 시작일 것입니다.

하지인(14세)

우리는 자연을 새로운 눈으로 봐야 합니다. 예를 들어 곰팡이를 보면서 우리는 지저분하고 쓸모없는 대상으로 생각하고 있습니다. 화장실에 곰팡이가 피면 바로 없애버리죠. 하지만 곰팡이는 음식을 썩게 하고, 그 음식이 다시 자연으로 돌아가 순환할 수 있도록 돕습니다. 심지어 푸른곰팡이는 질병을 치료하는 약으로까지 만들어졌습니다. 곰팡이가 해로울 수도 있지만, 이로운 점도 많은 것처럼 인식을 바꿔 자연과 공생할 수 있는 많은 프로젝트를 시작해보는 것이 어떨까요?

홍지아(15세)

생물과 어울려 사는 방법 중 제가 실천하는 방법은 육류 덜 먹기입니다. 초등학생 때는 키가 클 거라고 생각해 매일 고기를 먹었는데, 중학생이 된 이후 동물 해방과 종 차별주의, 동물권에 관심이 생기며 고기를 덜 먹으려고 노력하고 있습니다. 완전한 비건이 되기는 힘들겠지만 도축 당하는 동물을 생각해보면, 인간은 다른 인간을 실험의 대상으로 삼거나, 죽이는 것을 옳지 않다고 여기면서 왜 동물에 대해서는 가혹한 상황을 내버려두는지 질문하게 됩니다. 왜 인간이 동물보다 우월한가요? 그렇게 저는 육류보다 샐러드를 더 많이 먹게 되었습니다. 추가적인 효과로 건강도 더 좋아진 것 같고요!

🔍 함께 읽어볼 책

- 『십 대를 위한 기후 수업, 나는 풍요로웠고 지구는 달라졌다』 호프 자런 지음, 김은령 옮김, 김영사, 2024
- 『살아 있다는 것』 김성호 지음, 유해린 그림, 너머학교, 2025
- 『생태시민을 위한 동물지리와 환경 이야기』 한준호 외 지음, 롤러코스터, 2024